山本七平

日本人とアメリカ人

日本はなぜ、敗れつづけるのか

NON SELECT

本書は昭和五十年（一九七五年）から五十一年（一九七六年）にかけて「週刊朝日」に連載され、平成五年（一九九三年）にＰＨＰ研究所から単行本として刊行された『日本人とアメリカ人』に、アメリカに関する雑誌掲載論文三編を加えたものです。

はじめに

本書では、山本七平氏による日米比較文化論、アメリカ論を収めました。

「日本人とアメリカ人」は、一九七五年の昭和天皇ご訪米に際してアメリカに渡った山本氏が、各方面への取材から得た洞察をまとめた日米比較で、氏のまとまったアメリカ論としては唯一のものです。

「ライシャワー発言と勧進帳」は、米高官による核積載艦船の日本寄港発言に端を発した騒ぎについて論考した論文で、初の単行本収録。さらに「モザイク国家・米国二題」では、国家の枠組み、文明の利器をすべて拒否し、十八世紀以来の生活を守り続けるアーミッシュ村を訪れ、直接取材を敢行した異色ルポルタージュを収録します。

なお、書中（　）内の注は、執筆当初の著者によるもの、〔　〕内のものは今回編集部で補ったものです。また『日本人と中国人』に引き続き、今回も「山本七平先生を囲む会」の横川太一氏、渡部陽司氏、山田尚道氏、柴田瞭氏のご協力をいただきました。紙上を借りて謝意を表します。

平成十七年四月吉日

祥伝社書籍出版部

日本人とアメリカ人

目次

第七章　レイシズムとアメリカ人
――捕鯨禁止運動の背後にあるもの

モザイク国家・アメリカ二題

装幀 中原達治

序章　天皇とおにぎり

昭和天皇の初訪米

昭和五十（一九七五）年十月二日四時半ごろ、国務省・日本担当《デスク》のシェアマンさんを訪ねた。氏は昭和天皇訪米のアメリカ側の実務担当者である。ホワイトハウスでの歓迎式、フォード大統領との会見という最大の行事はすでに無事終了し、その日の日程も、大統領夫妻主催の晩餐《ばんさん》会を残すだけとなっていた。白髪の、端正な、温厚で典型的な紳士シェアマンさんの顔には、無事大役を果たしてほっとした安堵感からくる一種の放心と、「大成功だった」という喜びがあふれていた。が、同時に濃い疲労の跡もあった。

「今日の式典は大成功でした。天皇のメッセージは実に立派で非常に強い印象をアメリカ人に与えました。すべての人が好意的にこれを受け取ったと思います。五カ月の準備期間、本当に緊張の連続でしたが……」

「ほっとなさいましたでしょう」。私は思わず言った。

「いえいえ、まだこれからです。今はじまったところですから。全日程を無事に成功裏につづけて、終わりを全うしなければなりません」

とシェアマンさんは答えた。その言葉は、氏の自戒のように私に響いた。

「いいえ、初日が成功ならその興行は成功だと言いますから、すべてがうまくいきますでしょう」

私は何気なくそう言ってから、天皇の訪米を興行にたとえるとは、これを担当された氏に対して大変失礼な冗談だったと気づいた。通訳を介して話しているとはいえ、シェアマンさんは日本人同様に日本語ができる。しかし氏は、外交官らしく、私の非礼な冗談に気づかないふりをしてくれた。

話は天皇訪米の両国への影響にはじまり、将来の日米関係、過去一世紀に生じた両国間の摩擦の型《パターン》とその特質から、訪米に際して話題となった銃器規制《ガン・コントロール》における日米両国民の考え方の差、その背後にある文化様式の違い等々、次から次へと発展し、通訳のNさんに時計を見せられて驚いた。いつしか六時をすぎていた。

国務省の勤務時間は五時までである。しかもシェアマンさんは大統領主催晩餐会という仕事を控えている。私は慌《あわ》てて立ち上がると非礼を詫び、氏のもとを辞した。部屋を出ると、広い国務省の廊下はガランとして、すでに人影はなかった。

アメリカ人にとっての太平洋戦争

私も急がねばならなかった。六時半に『タイム』誌のシェクター記者とホテルで会う約束をしていたからである。アメリカのエグゼクティブが文字通りの「おいそが氏」なのには、少々あきれた。氏は午前中ワシントン、午後ニューヨーク、夜はまたワシントンへとトンボ返りで、すぐ服を着かえて大統領晩餐会に出席するという。これでは「こういう超多忙さはまっぴらだ、責任ある地位など御免こうむる」という人びとがいて、少しも不思議ではない気がした。彼らの社会は「出世↓高い地位↓おみこしに乗ること↓安楽と高収入↓天下り先の確保」というわけにはいかないからである。

少々威圧的で精力的で歯に衣《きぬ》を着せぬシェクター氏とは、文字通り挨拶《あいさつ》抜きの対話になった。私にはシェアマンさんの率直な喜びが伝染していたらしく「式典は大成功だったそうで」といった意味のことを言った。これに対して、氏はちょっとむずかしい顔をして、「確かに。しかし、名前は言えないが、式典に列席した私の親しい高官は『アメリカが日本に占領されて、ヒロヒトが、ホワイトハウスから全米に占領統治を布告するのではないかという、青年期の悪夢がよみがえって来た』とも言った」と答えた。

列席したすべての人が同じ感情で天皇のメッセージを聞いたわけではあるまい。その意味では氏の言葉は意外ではない。しかし私は氏の言い方に、何となくジャーナリスト的な作為を感じた。そこで、「常識のあるアメリカ人なら、奇跡でもないかぎり、そんなことが起こり得ないことは、あの時点でも自明のことだったでしょうに」と答えた。

私は別に「ずい分非常識なアメリカ人が高官になっているんですな」という意味をこの言葉に込めたわけではなかったが、氏は私の言葉に何かを鋭く感じとり、その言い方の方が非常識だと言わんばかりに、声を高め、卓《つくえ》を叩くような調子で語りはじめた。その言葉の一部を省略し、一部を敷衍《ふえん》すると次のような内容になる。

太平洋戦争について、日本人は故意に忘れようとしている点がある。あなた方はナチスドイツとの同盟者であり、東南アジア進攻も、ヒトラーとの了解のもとに行なわれたはずである。アメリカが孤立した日本を攻撃したのではなく、日独伊という枢軸側の攻撃と三国共同の宣戦布告に対して戦ったのである。真珠湾の恐怖とは、言うまでもなく東西から挟撃される恐怖であった。

ナチスドイツはすでにミサイルV2号を実戦に使い、原爆の開発に着手していた。一方、理解しがたい勇気をもつ日本軍は不意に真珠湾に殺到し、太平洋艦隊の主力は瞬時に全滅し、西部海岸は無防備にさらされた。彼が口にしたのは、そのときの、悪夢のような恐怖の率直な表白であり、非常識な言葉ではないと。

同じ戦争体験といっても、日本人とアメリカ人では非常に違う。彼らには、シェクター氏のような知識人や彼が口にした某高官から、ドラッグストアのおばちゃんに至るまで、語り方はさまざまだが、しかし基本的には共通する、われわれとは全く違う一面をもつ体験があった。

われわれの体験は「憲法に違反し戦争に通ずる安保に反対しましょう」という言葉が成り立つ体験——一言でいえば、軍部といった集団が陰で〝違法〟に権力を掌握し、全国民がそれによってズルズルと戦争から破滅へと引きずり込まれ、それをどうにもできなかったという受け取り方をされている体験である。そしてこれが、戦後の日本人の思考と行動の、動かしがたい体験的基盤となっている。

ところがアメリカ人の体験は、これと全く違う。したがって彼らには、前述のようなスローガンは通用しない。この点、ジジという名のドラッグストアのおばちゃんの話は面白かった。

その話を総合すると、このチャキチャキのニューヨークっ子は、真珠湾当時、新婚ホヤホヤだったらしい。一部のインテリを別にすれば、アメリカの一般大衆は今でも外国のことに無関心だが、三十年前の新婚ホヤホヤの彼女には、日本の存在そのものが、全然念頭になかったらしい。これでは、夫がいつかは兵隊にとられることを覚悟させられていた「軍国の花嫁」の戦争体験とは、初手から食い違ってしまう。

真珠湾を追体験させた天皇訪米

その彼女が、その日、ラジオ・シティ・ビルの隣のホッケー場で、アイスホッケーの試合を見物していた。見物人はワアワアと喚声をあげ、応援に熱中していた。そのとき、急にスピーカーが大声でがなり立てた。

「真珠湾が日本海軍に攻撃された。宣戦を布告された。戦争だ。軍人・兵士はすぐ兵営にもどれ、軍関係者は部署につけ、一般市民の用事のないものはなるべく家から出るな！」

観客の喚声はとまった。一瞬、すべての人間が化石になったような、不動と沈黙がその場を支配した。次の瞬間、ワーッとわき立つパニック状態、ついで恐るべき混乱となった。もっともパニックはサンフランシスコの方がひどかったらしいが――。

語っているうちに彼女の声はふるえ、手がふるえ、涙が出てきた。そしてその語り方は、「関東大震災」の恐怖を語る老婦人のそれとそっくりであった――「昼ごはんにしようと思って座ったら、不意にぐらぐらっと来て……」にはじまり、それにつづくパニック状態を語るあの語り方である。

それについで、ジジおばちゃんの新婚の夫もボーイフレンドもみな兵隊にとられた。夢も生活設計も一瞬にして消しとんだ。彼女の夫は無事に帰還したが、多くの人は帰らなかった。そしてこの「戦争は不意に来る大震災のような青天のヘキレキ」という受け取り方は、シェクター氏が語ったあの高官からこのおばちゃんまで、直接に間接に私と語りあったほぼ全員に共通する体験的実感であった。

戦後のアメリカ人の、日本人とは違った思考と行動の基盤には、この体験があったであろう。私はこの点で、天皇の訪米は大きな意義があったと思った。人間が経験の動物であるということは、ある種の強烈な体験に支配され、思考も行動もそれに徹底的に規制されてしまうことではあるまい。それでは馬と同じになってしまう。

人間にできることは、その体験をもう一度把握しなおして、その体験が以後の自分をどのように規制したかを再検討できるという点にあるはずである。そして「人間の経験」とはこの状態を指す言葉だと思う。

天皇の訪米は、彼らに、否応なく真珠湾を追体験させた。これは大変に良いことだったと思う――たとえそのため、石の一つや二つが天皇にとんで来ようとも。心あるアメリカ人が、その追体験を順次に戦後へとたどってくれれば、彼らは、自分たちの戦後の三十年が、あまりに強く自己の体験に支配されつづけてきたことを悟り、それについて、もう一度考えなおすであろうから――。そしてその点では、おそらく、われわれも同じなのである。したがって、われわれもこの機会に、もう一度、自らの体験を再把握できるはずである。

この意味で、『フォーリン・アフェアーズ』誌のバーンズ氏が、「訪米は遅すぎた。戦後十五年目と二十年目の間ぐらいが最も効果的ではなかったかと思う」と言ったとき、確かにそういう見方もできるであろうと、私も思った。

だが以上のような受け取り方は、大体五十前後の人に限られている。若い人の受け取り方はまた別であった。彼らアメリカ人は自分の体験を一般化することも、父子相伝のような形で、それを子供に強制することもしない。何かを語るとき、すべての人が判で押したように言った。「私の体験、私の考え方だから、一般化してはこまる」と。

これが、個人としては相当に執念深く、昔のことを忘れていないが、社会としてはカラッとしている理由であろう。この点、自分の個人的意見まで一般化して、「みなさんそうおっしゃいますわよ」とか、「みんなそう言ってるよ」といった言い方をするわれわれとは非常に違う。

シェクター氏との対談は、テーブルの上に時計を置いて横目でにらみながら行なう、分秒きざみの言葉のやりとりになった。ついにタイム・リミット。「あとの問題はまたの機会に」と言うなり、氏は、大統領主催晩餐会に駆けつけるため、文字通りに駆け足でホテルを出ていった。

私も、ある晩餐会に招待されていた。それは、ホワイトハウスの晩餐会とほぼ同時刻に開かれる「天皇訪米の裏方のそのまた裏方の晩餐会」であり、そこには戦後生まれの、あらゆる人種のアメリカ人男女が集まるはずであった。

なぜアメリカ人は、天皇に興奮するのか

予定の時刻がだいぶすぎたころ、通訳のNさんから電話があった。「遅れて相すみません、もうすぐバイトが片づきますから、案外時間をとってしまって……」と。Nさんとそのグループは、さまざまの面白い仕事を請《う》け負っていたが、いまやっているのは「おにぎり」づくり。昨日五百個、今日三百個、明日また三百個、合計千百個がNさんの指揮で握られ、大使館に納められて、そこから随行記者団などに差し入れされる。一個六〇セント、合計六六〇ドル、材料費をひくと「マ、一人一カ月分の最低

賃金なみのもうけです」ということであった。

Nさんの家は「大使館通り」のイスラエル大使館の近くにある。案内されて部屋に入り、今の今までおにぎりを握っていた若い女性たちを紹介されて驚いた。おにぎりという言葉から連想される「在留邦人の奥さん」は一人もいない。

人種別に記すと、ルーマニア人、スペイン人、イギリス人、ジャマイカ人、日本人、そしてどう見ても白人だが「私には、八分の一、インディアンの血が入っています」と自己紹介した女性など、その祖先をたどれば地球全部に広がってしまうであろうと思われる人たちであった。

その人たちが、みな、思い思いの姿勢で椅子にかけ、ぶどう酒を少しずつ口に運びながら、おにぎりづくりという単調な労働から解放された直後の、浮き浮きとした楽しげな雰囲気の中で、天皇からおにぎりに至るまでを、面白そうに語りあっていた。

彼女たちは一様におにぎりは嫌いだと言い、ノリもウメボシも「ノーグッド」、そしてかつおぶしのにおいは、特に、どうしても好きになれない、といって顔をしかめた。一方、天皇となると、全員が不思議な好意と好感を示した。アメリカ人が使うエキサイトという言葉は非常に意味が広いと思うが、彼女たちは天皇に何かを感じ、何かの刺戟をうけ、非常にエキサイトしているのは事実であった。

その中で一番エキサイトしているのはルーマニアさんだった。彼女が、何か急ぎの連絡で大使館に駆け込んだとき、出てくる天皇の車と鉢合わせしそうになった。慌ててよけると、天皇と皇后が目の前を通った。彼女は何度も自分の手を胸から十センチぐらいの所におき、ここを通過したと繰り返した。「どんな印象をうけました?」と私が聞くと「天皇は神経質《ナーバス》、皇后はコロコロ《バウンシング》している、車の中の天皇の手が、小きざみにふるえていた」と彼女は答えた。

私は思わず笑った。というのは、そう言った彼女も相当にバウンシングだったからである。「しかし……」と彼女はつづけた。「一番エキサイトしているのは私ではない。宣教師の娘さんで、沖縄で生まれ育った白人の女性が大使館に勤めているが、この人が、だれよりもエキサイトしている」と。

若い世代のこの反応は、私には不思議だった。

「アメリカ人はなぜ天皇に関心を示し興奮するのか」という質問を、顔を合わせたあらゆるアメリカ人に向かって発してみた。そしてそれへの答えは判で押したように同じであった。「王族といったものがアメリカにないからだ」と。この答えは、答えのようであって、答えにはなっていない。彼ら自身にも理解できない何かがあるのであろう。

慄然と興奮とあこがれ

この点で、解答の鍵ともいえるものが出てきた唯一の例は、前述のシェクター氏との「分秒きざみ」の対談の間であった。この質問を最初にすればもっと面白い対談になったと思うが、どうせ返事は同じだろうと思って、最後にまわしたのが、まずかった。

判で押したような私の質問に対して、確かに彼もまた、判で押したように答えた。「では」と私はつづけた。「王族ならだれでもよいのか、王族に興奮しているのであって、天皇に興奮しているのではないのか」。この問いに対して「そうは断定できないが……」と氏は言い、それにつづく答えは、他の人と違っていた。

王族といっても、たとえばアラブの王様にはアメリカ人はもう何も感じない。彼らはすでに「アラビアン・ナイト」的な異国情趣《エキゾチシズム》とは無関係な「石油成り金」「石油資本家」にすぎない、「こうなってしまっては、たとえ王族でも、もうだれも興味も興奮も示さない」と。アメリカにおける石油成り金とか石油資本家という言葉には、一種の侮蔑を含んだ「悪《ワル》」の意味があるらしい。確かに、もし天皇がワシントンで石油価格の交渉でもはじめたら、ひどい幻滅で、ルーマニアさんのエキサイトなどは一瞬にして醒《さ》めてしまうであろう。

また国王《キング》という対象はまだあっても、彼らが皇帝《エンペラー》と呼ぶ対象は、この地球上でもう天皇だけになってしまったことも、異常な興奮の一因かもしれない。だが、これだけなら、シェクター氏の答えも結局「われわれの社会にないからだ」ということになるであろう。

「自分にないものに興奮するのはアメリカ人の特徴なのか」、私はたずねた。「そうではない。それはアメリカだけではない。ソビエトの人はロックフェラーに異常にエキサイトする。それは彼らの社会に、億万長者というものがないからだ」と氏は答えた。これは面白い話だ、これについて、もう少し細部を聞きたいが時間がない。

「ではわれわれも同じだとあなたは思うか。周恩来中国首相と握手して、感激のあまり泣き出した女性評論家が日本にいるが、あなたはこのエキサイトを、同じ現象と思うか」

「私は全く同一の現象であると理解している」と言って、彼はニヤッと笑った。当時、彼は日本にいたはず、したがって詳しい説明の必要はなかった。これで対談は時間切れとなった。

これは、どういうことなのであろうか。億万長者がいないからロックフェラーに興奮する、とは言っても、その社会に現実に億万長者が出現するとなれば、彼らは断固としてこれに抵抗するであろう。天皇制がないから天皇に興奮する、しかしアメリカに天皇制が打ち立てられるかもしれぬという万分の一の危惧にも、三十年後にそれを回想してもなお慄然《りつぜん》とするほど強い反発を彼らはもつ。

アメリカ人はこの面では徹底的な拒否反応をもっている。とすれば、慄然も興奮もあこがれもその根は一つで、それがその時々の情勢に反映して、別々の面が出てくるだけのことかもしれぬ。

これは人類に共通した現象なのであろうか。日本人も同じなのであろうか。それともわれわれだけは特別で、あこがれと興奮がそのまま被支配に通じて、土下座してしまう特別な民族なのであろうか。それはわからない。しかしその結論はある程度、後に会った日本人一世、二世、三世が、私に示してくれた。

新しい世代の、新しい発想

私はこの若い人たちの、「天皇とおにぎり」にはじまる、英語と日本語をとりまぜた、何の屈託もないおしゃべりに耳を傾けた。何気なく聞いていくと、彼らも彼女らも、いわゆる知的エリートの子であり、二カ国語以上ができる者がほとんどである。

アメリカについて、「アメリカ人とは何か」について、人種について、文化様式についで等々、彼らは語りつづけ、時々、鋭い質問がとんできた。この人たちは、まだ、自分の思想を社会に発表できる年代ではないし、これが私の思想だと他に提示できる確立した体系ももっていない。

しかし語りあっていくうちに、つくづく感じたことは、十九世紀のイデオロギーの残渣《ざんさ》をひきずりながら、それで自らを規定する良心も、社会をそれに適応させてゆく勇気も実行力も失い、そのくせ、新しい現象を新しい発想で捉《とら》えるという能力、一言でいえば思考の能力まで失ってしまった世代——この世代は日本にもアメリカにもおり、両者には共通した面があるが——、その世代とは全く違った新しい世代が、すでに生まれてきたということであった。

古い世代はいずれこの世を去っていくであろう。もちろん、新しい世代には新しい問題がある。だがおそらく彼らは、それを、彼らの発想に基づく模索と試行錯誤の繰り返しの中で解決してゆくであろう。この人たちには、確実にそれができる。アメリカは、やはり、日本よりも若いのかもしれぬ、そんなことを考えさせられた一晩であった。

ホワイトハウスの晩餐会が終わるころ、簡素ですばらしい「裏方のそのまた裏方」たちの晩餐会も終わった。

第一章　なぜ「病める大国」は崩壊しないのか

――植村《うえむら》女史の報告にみるアメリカ人気質

植村《うえむら》環《たまき》女史のアメリカ講演旅行

「天皇訪米と同時にアメリカに行ってごらんになりませんか」

『週刊朝日』の編集部から電話があったとき、私は自分でも予期しない奇妙な返事をした。「いや、私が行かないでも、植村環女史〔一八九〇〜一九八二年。キリスト教婦人運動家〕の書いたものと、随行記者団の記事を対比分析すれば……」といったことを言いはじめ、そして不意にそんなことを言い出した自分に驚き、しばらく考えさせてくれと言って電話を切った。

この言葉は、私自身にとっては、行くか行かないかを考えるよりむしろ、なぜこんな非常識な返事をしたのか、その理由を考えることであった。

「天皇とアメリカ」という言葉を聞いたとたん、まるで、何かをごまかしていた人間が不意にそれを突かれたような変な返事をし、反射的に植村環女史の名が出てくる、だがその名がなぜ「天皇とアメリカ」に関係があるのか編集部にわかるはずがない――というのは、それを口にした私自身、なぜその名が不意に口から飛び出してきたのか、判然としないからである。

なぜこんなことになったのか。忘れたつもりで忘れかねている何かが、不意に出てきたに相違ない。私は自己の記憶をさぐってみた。おぼろげながら思い出したのは、もう三十年近い昔のことである。当時私は、フィリピンから復員した直後で、再発したマラリアのため病床にあった。そして何気なく手にした雑誌で、植村環女史の戦後最初の「アメリカ講演旅行」の記事を読んだ。

確か対談記事で、出発前に天皇から異例の「お言葉」があり、帰還後に、すぐ天皇に「帰朝報告」をした。そしてその記述につづいて植村女史は、淡々と控え目に講演旅行の有り様を語っている。だがその印象は、病床の私にとってはゾッとする一面があった。悪意・罵声・非難・無視、一言でいえば「石をもて追われる」ような旅であり、講演とは糾弾《きゅうだん》の身代わり羊の座であった。

日本人のアメリカに対する本質的な誤認

「天皇とアメリカ」は、三十年来の私の宿題だったのであろう。

それが奇妙な返事の原因と思うが、ではなぜ植村女史が身代わり羊になるような、奇妙な状態を招来したのか、これがその宿題の内容のはずである。いろいろな理由があったであろう。だがその中の最も大きな原因の一つは、日本における体質的とも言えるアメリカへの誤認ではなかったのか。

一部の誤認は確かに戦場でも思い知らされた。だがもっと基本的なことは、私が物心ついたころから、アメリカは一貫して「病めるアメリカ」と定義され、全国民がそう教えられてきたことにあるのではないか。

一九二九年十月、私が九歳のとき、ニューヨーク株式市場の大暴落から世界恐慌となり、そのとき以来、アメリカの資本主義体制と〝物質文明〟は基本的には破産し、病める形骸が清算を待っているにすぎないと言われつづけた。それは、虚栄の市、背徳の国、悪徳の汚水溜め、腐敗・堕落・汚職・乱交の巣、娼婦とギャングの国、夜の大統領アル・カポネの支配する暴力・無秩序・無法地帯――一言でいえば帝政ロシア同様の崩壊寸前の国、真珠湾の一撃でパニックを起こして壊滅するはずの国であった。

この〝病める形骸〟〝張子《はりこ》の虎〟といった認識は、基本的には戦後も変わっておらず、何かの機会に表に出てくる。それは少し前の、ある週刊誌の「アメリカ特集」における街頭録音にも表われ、その表現をひろってみると「破滅寸前」「メチャメチャの国」といった極端なものまである。

考えてみれば不思議である。約半世紀近く、アメリカには常に〝病める〟という形容詞がついていた。そして時々、今にも崩壊し解体しそうに言われても、アトリーのイギリス、ネールのインド、大躍進時の中国、スプートニクの時のソ連のような形で報ぜられたことはなく、青年や子供の目が澄んでいると言った記述で理想化されたこともなかった。

なぜであろうか。また半世紀も病みつづけているなら一向に崩壊しないその理由は？　賛美された国々が崩壊しても、この〝巨大なる病人〟は悠々と生き続けるかもしれぬ。否、太平洋戦争への道を思い起こすと、〝病める〟と診断した日本の方が、何やら病気だったような気もする。一体〝病める〟という半世紀つづく診断は正しいのであろうか。それともわれわれに「アメリカの体質を誤診する」体質があり、相手を〝病める〟と診断しているときに、逆にこちらが病んでいるのではないだろうか？

この謎はアメリカと日本の中間すなわち「第三の位置」に立てば、案外簡単に解けるかもしれないが、それは不可能に近い。だが天皇がアメリカに行けば、天皇自身が体温計か試験紙のような形になって、これへの反応を計れば、案外、アメリカの体質や〝病状〟がわかり、またその反応への反応を調べれば、日本の〝病状〟もわかるかもしれぬ。もっとも相手は案外無反応かもしれぬが、無反応もまた一つの反応であろう。良い機会だ、三十年来の宿題の一部が解けるかもしれぬ、行ってみようと決心した。

悪意の集中砲火を浴びた植村女史

だが、行く前にもう一度、戦後における「天皇とアメリカ」との再会、すなわち植村環女史の記事を再読しておこうと思った。といっても三十年近い昔の、一雑誌の記事を、内容だけで探し出すことは不可能に近い。誌名も表題も覚えていないし、戦後、雨後の筍《たけのこ》のように創刊された多くの雑誌は二、三年で廃刊となり、今ではそれを探し出すすべもない。ところが出発の五日前、別の用事で婦人之友社を訪れて帰宅したとき、不意に「あの記事は案外、亡母のとっていた『婦人之友』にあったのではないか」と思った。

早速、電話して探してもらった。出発の前日、「これがお探しの記事かと思いますが、別のものでしたら又お電話下さい」という手紙とともに、昭和二十二（一九四七）年五・六月合併号掲載の植村環・羽仁《はに》もと子両女史の対談記事のコピーが送られてきた。一見してその記事である。私はそれをもったまま機上の人となり、安全ベルトをはずすと、三十年前の訪米記事を読みはじめた。

植村女史は長老派教会《プレスビテリアン》の招待で渡米したわけだが、戦争直後という異常な時期、ある意味ではその国民性の美点も欠点ももっともはっきり出てくる時期に、広くアメリカの民衆に接したのは同女史が最初であり、その反応もまた「体温計・試験紙」として貴重な記録である。次にそれに関連する一部を引用させていただく。

「天皇陛下には出立前にも拝謁いたしましたが、その折は何ともいえないおいたわしい御様子で御心の御痛みのほどをお察し申上げて、涙なきを得ませんでしたが、（帰国して報告した）今日は如何にも晴やかな明るい御様子が拝せられ、まことに有難いことでございました。

『両陛下、皇太后さまの御徳で私も力づきまして、一心に働いてまいりました。特に出発に際して陛下の賜わりました、世界から誤解を取去りたい、とのお言葉を深く深く銘記して出来るだけの努力をいたしてまいりました。世界の人々もたしかに日本が世界家族のよき一員として一日も早く立直ることを希望しております』と申上げますと、殊《こと》の外《ほか》ふかくおうなづき下さいました」

「直接には北米で開かれた長老派教会の総会に招待を受けたのでございます。……大会終了後はフィリピンの医師イラノ女史、中国の教育家項女史……と共に、極東平和使節団としてアメリカの各地を訪問致しました。巡歴した州は全部で三十二州、八十余都市で、数百回の講演をいたさねばなりませんでした。聴衆もざっと二百万人位になったかと思います。

このように今回の旅行は肉体的にもかなり激しいものでしたが、敗戦国の民として、また多くの恥ずべき残虐な行為もあったという日本人として世界の人々の前に立つことは、精神的に更に一層苦しい旅でございました」

苦しさは聴衆から来るだけではない。同行の人からも来る。それは針のむしろであろう。

「そうです。イラノさん、項さん方とは今ではもう切っても切れない友情で結ばれておりますが、最初はやはり一つの高い障壁を乗り越えねばなりませんでした。特にイラノさんは御自身あのバターンの死の行進に倒れた人々を介抱された生々しい記憶を持っておられたので、如何に宗教代表であろうとも、日本人には会いたくないと強《し》いて顔を背《そむ》けておられたのです……」

「講演会場でも日本人が話すというと、荒々しく椅子を鳴らして退席する人もありましたし、集会後使節団一行と会衆のひとりびとりが握手する際も、わざと私だけ飛ばしてゆく人もありました。たまには『あなたの国がアメリカに征服されて嬉しいか』とこんな類の皮肉を投げかけてゆく人もあるのでした」

また「パール・ハーバーを忘れよ、と言うのか」とつめよる人間もある。そしてその態度は、女史の旧友たちとて大差はない。

「ある時など、旧友たちが午餐を用意して待っているからとのことに、講演の合間を見て急いで行ってみましたところ、食卓につくやいなや開戦前後の日本の態度につい て一斉になじりはじめました。食事中はともかく、じっと耐えておりましたが、いよいよ午後の集りの講壇に上ったトタン涙がこみ上げて来て泣き泣き話すだけは話しましたが『アイアム・ヴェリイ・ミゼラブル』といって坐ってしまいました……」

「ワシントンにいった時のことですが、フィリピンで日本軍の俘虜《ふりょ》となっていたひとりの軍曹が私に会おうと待ちぶせており、収容所で加えられたさまざまの侮辱について興奮して語りました。その上、日本人はみな生れつきの悪魔だというのです。この人はフィリピンで動物実験の代りに薬品を注射され、半身不随のようにさせられたこともあったというのですから、こんな言葉を吐くのも無理がありません……」

冷静に考えれば、こういう状態はある意味では意外ではない。日系一世の話、また当時の記録を見ても対日悪感情は相当にものすごく、カリフォルニア州では日系人襲撃が頻発し、最盛時にはわずか四カ月間に、日系事業所へのダイナマイト爆破未遂一、放火三、発砲十五件があり、またオレゴン州では在郷軍人団がその名簿から日系兵士の名を削除し、各地に排日団体が名乗りをあげるという状態であった。

これらを見ると『天皇の陰謀』の著者バーガミニ氏の「終戦直後にもアメリカには強烈な反日感情はなかった」という意味の発言は誤りのようにも見える。しかしこの発言は、後述するように、必ずしも誤りではない。

発言すること自体は妨害しないアメリカ人

植村女史の記録を仔細に読んでいくと、否応なしに、同じ状態に陥ったときのわれわれと、非常に違った面があることに気づく。それはいかに非難すべき相手でも、その相手が発言すること自体は、決して非難・妨害しないことである。

「お前はそんなことが言える立場か！」とか、「図々しくも、よくそんなことが言えたものだ」とか、「そういう発言自体が反省の足りない証拠だ」といった類の言葉ないし態度は皆無、拒否はせいぜい退席であってヤジ・怒号はない。また戦争責任に対する天皇の発言に対して一部の人が示した「発言の内容を非難はするが反論はしない」といった反応もない。さらに横井さんのような「陛下の赤子といわれて二十七年間戦った（私は横井さんは本当はそうではなかったと思っているが）、私をどうしてくれる」と言ったような態度は、全く見られない。

　日本人を悪魔だと言って植村女史を待ち伏せていた一軍曹にも、高飛車に高圧的にきめつけて相手の口を封じ、一方的に非難するという態度はない。植村女史が率直な謝罪の後で「悪魔は誰の心の中にも棲《す》みやすいものです。私の心の中にも……」（ということは「あなたの心の中にも……」の意味にもなるが）と語りはじめると、彼はその言葉に耳を傾ける。そして日本には「私よりもっと良い人もたくさんいます」という言葉を聞き、「憎しみは消えた」と言って去るのである。

　もちろんその背後には、植村女史の人格的な力と、女性でかつ牧師というアメリカ社会における特別な位置も作用していると思うが、日米時事社長浅野七之助氏からいただいた同社発行『帰還復興史』（一九四八年発行）を見ると、これとよく似た「相手の発言は非難せず聞く、納得したらすぐ態度を変える」といった事例が出てくる。

　それは復員後テキサス州に入植しようとした二世の物語である。すべての準備は完了したのに日系人排斥のため入植できない。そこで彼は『ヒューストン・プレス』紙に次のような抗議文を掲載した。

「……復員して家族と、……シプレスに……移動せんとした途端、排斥に遭遇した。(移動できないのは) 近隣者の日系人排撃が原因している……。

私はこのテキサス人の措置が、仏国のボスゲス山麓に於て独軍の包囲下に殲滅《せんめつ》されんとしたテキサス部隊を血と肉を以て救出した四四二部隊の日系兵に対する態度であるかと、ききたいのである。もしそれがこれらの人たちの真の態度であるならば、私は、テキサス部隊から送られた感謝状を返上する。私はそんな感謝状を欲しいとは思わない……」

これに対して同情の投書が殺到し、テキサス人の態度は急転回したという。

トルーマンの拒否権発動が教えること

こういう点、彼らとわれわれは違う。納得すればテレずに意見も態度も変える。したがって昨日の多数も翌日には少数になり、多数は流動的で固定しない。固定しないから「これが天下の世論だ」などと高圧的に言ってもききめがない。したがって、一夜にして全国民が一定〝世論〟のもとに一変するといった事態は逆に起こりえない。これは同時に、自分が納得するまで質問し追及するという態度にもなり、一面無遠慮だが、モヤモヤと割り切れないものを残さない。そこで世論の変化に後《あと》くされがない。

これは植村女史にも印象的だったらしく「トルーマン大統領その他知名な人々も……高圧的な態度で自分の意見を他に圧《お》しつけることがないかわりに、……自分に納得のいかない不審の点は、あくまでも……きく」と記しておられる。

この「納得しなければ承服しない」という態度は、各人は各人、各州は各州という態度になるし、また説明しがたい実情を無視して原則論で割り切り、好意がかえって相手の迷惑になるという結果にもなる。

前者の例は実に多いが、その中には、一九四七年、日系排斥の最中にユタ州が「……日系市民および日本人移民はわが州における最良の居住者である。彼らは法律を遵守し、生産的で協調的でありかつ忠誠である……」にはじまる独自の日系擁護声明を発し、戦時中日系人および日本移民が受けた損害の補償を考慮するよう議会に要請している例もある。

一方、納得できないと実情を無視して反対し、好意があだになった例に「帰化法改正」が上下両院を通過しながらトルーマン大統領に拒否権を発動され、日系人が一時窮地に陥った例がある。

これは戦前の日本移民がアメリカに定着の意志なき出稼ぎ移民「帰化不能外国人」と規定され、日本人排斥の基本である「土地法」もこの規定が基になっていた。そこで前述の浅野氏たちはまず上下両院に働きかけて帰化法を改正させようとし、資金を集め、マイク・正岡氏をワシントンに送って運動させた。そして八年の歳月と一〇〇万ドルの資金でどうやら「帰化法改正」が上下両院を通過した。

ところがトルーマンは「この法は不完全である。これは一種の条件付き市民権の付与であり、第二市民をつくる結果となり、市民平等の原則に反する」といって、拒否権を発動した。日系人は愕然・茫然とした。

「いや、トルーマンの言うことは公正なんです」と浅野氏は私に語った。

「しかし、当時の日系人にはもう資金はないし、八年の苦闘に疲れ、新しい法案をつくってこのうえさらに何年も運動をつづける気力もなくなりました。確かに第二市民かもしれぬが、まずこれを獲得して後に徐々に改正していくつもりだったのですが……」

方法がない。拒否権乗り切りには、上下両院の三分の二の賛成が必要である。下院は何とかなっても、上院はまずだめだろうと半ば諦めていたが、何と、奇跡的に一票差で通過した。「このときぐらい一票の重みを感じたことはありません」と浅野氏は述懐されたが、もしこの一票が否決にまわったら、日系人の苦難はまだまだつづいたことであろう。

しかしトルーマン自身は、むしろ好意をもって「よりよき法を提出せよ」と言ったわけである。こういうとき、彼らは、われわれの基準から見れば、実情を無視した頑固な原則論者となる。「そこを曲げて何とか……」と言っても曲がらないし、「マアマア」も通用しない。しかし不満を抑えて「陰《いん》にこもる」こともない。

例外意見が世論を動かすアメリカ

この点、戦後三十年間の「天皇の戦争責任追及史」を日米で対比してみると面白い。方向がちょうど逆で、アメリカは戦争直後が最も激烈、「天皇は即座に処刑し、皇族は中国に送って強制労働をさせよ」といった論調まであった。国際法専攻のワシントン在住のNさんによると前記のような論調が三分の一、天皇制廃止・天皇を裁判にかけるが三分の一、最も穏健な三分の一が「日本人の意志にまかせよ」で、弁護論は皆無だったという。

「天皇制を残せ」はグルー元大使を中心にする文字通りの一握りの例外者で、少数意見とすら言えないほど少数だった。だがこの例外者が、前記の「入植したたった一人の二世」のように、次々に世論を転回させていく。以後三十年、この問題を論ずる者は、少なくとも私の会ったアメリカの庶民にはもういない。もちろんこの問題には、後述するが「政治責任の時効」といった考え方が彼らにあることも作用しているが……。

ところが日本は逆で、戦争直後には天皇はもちろん、だれの責任も追及してはならないという主張がまず出てくる。

「そのここに至った理由と原因とを探究すれば、実に無数の理由と原因とが指摘されるであろう……したがって責任論も国民の念頭に去来せずにはすまないであろう。しかしわれらはこの際において責任論など試みようとは思わない。そうすべく自身の不省を意識すること余りに強く、邦家の不幸から受ける悲しみは余りに深いからである」（一九四五年八月十五日『毎日新聞』社説）と。

そしてこの社説は「皇室の御安泰」を喜び、天皇の下に団結せよと呼びかけて終わっている。いわば「ポツダム宣言でその位置を保証された天皇」を正面に出し、それを楯《たて》にして、その背後で一億が息をひそめているという感じである。責任論は表に出ず、逆に陰にこもって潜行していく。そしてそれは日本の復興・自信回復とともに徐々に表にあらわれ、それが公の席での質問となったのが三十年目である。

アメリカ人の行き方はこれと逆だから、以上のことを話すと、知日家以外の庶民は不思議がり気味悪がる――今も何か潜行しているのではないかと。そしてすでに三十年前に「日本の転換は鮮やかだが怨念が潜行しているのではないか」といった素朴な質問が植村女史にも向けられている。

「生意気」を排除する日本、「フェアでない」を排除するアメリカ

以上の多くは、いわば「三十年前のこと」である。だがおそらく現在にも通ずる両者の差は、一体何に起因するのであろう。私の質問に答えて多くの人は「文化の違い」と抽象的に答えたが、その中で、『デンバー・ポスト』編集長、『二世の歴史』の著者ビル・細川氏の答えは面白かった。氏は次のように言われた。

「日本でもアメリカでも、小学生が、ある一人を『やっつけちまえ』ということがあるでしょう。日本では『生意気だ、やっつけろ』ですが、アメリカでは『フェアでないから……』となるのです」と。

この場合、「生意気」も「フェアでない」も、ともに、自己の暴力を正当化するための名目にすぎない。ただ面白いのは正当化の一方の名目が「生意気」で、もう一方が「フェアでない」という事実である。

このことは、そう判定されれば、もうどうにもならないから、「生意気だと言われ

まい」また「フェアでないと言われまい」と、子供のときから自己規制し、共にそれが大人の世界まで通じていることを意味する。

確かに、相手の発言を封ずるのはフェアでない、納得したのに態度を変えないのはフェアでない、自州の日系が立派なのに立派と言わないのはフェアでない。だがしかし浅野氏の言われたように、トルーマンはフェアだから拒否権を発動して帰化法を葬ってしまう。また「真珠湾攻撃はフェアでない」となるとアメリカという〝クラス全員〟が「やっちまえ」で原爆まで突っ走るし、三十年後にもこの点だけは問題にするし、招待した植村女史を逆に吊るし上げる形にさえなる。

彼らの使うフェアの意味は公正・淡泊・率直等のほかにさまざまのニュアンスがあって非常に複雑だが、一応定義はできる。だが「生意気」となると実に定義しにくい。細川氏は儒教的「長幼序あり」の規範であろうと定義されたが、考えてみれば、いわゆる「低姿勢」や「お願いしまーす」に代表される、日本にはいくらでもある「生意気と言われまいとの自己規制」はフェアとは異質の規定だが、それを踏みはずすと「やっちまえ」的な一斉非難になる点は似ている。

現地で「日本よりのびのびと仕事ができて住みいい」という人の中には、小沢征爾《おざわせいじ》氏に似たタイプの人がいたが、かつての氏とN響とのトラブルは「生意気排除の世界」の出来事で、アメリカなら「フェアでない」と逆にN響が非難されたかもしれぬ。この違いは現地で、いろいろな面で感じた。

「生意気排除」が序列的平均化の世界の原則なら、フェアは競争社会の原則であろう。「隣家の芝生は青い」はお互い様で、他の社会は一見よさそうに見えるが、この社会も決して楽でないらしく、少々流行的な、それへの批判と〝日本的家族制度礼賛〟を盛んに聞かされて少々戸惑った。だがそれを聞いているうちに、何となく「生意気排除」が健全で、「フェア」は不健全、アメリカはやはり〝病めるアメリカ〟だという気分にさそわれるから面白い。

第二章　「現実的《プラクティカル》」と「個別主義《インディビデュアリズム》」

――「有色人種地位向上協会」会長との対話から

天皇訪米に対する有色人種の反応とは

私は、アメリカについては何も知らない。そこでアメリカとは有色人種と白人の住む国、有色人種、特に黒人は白人に差別され迫害されている国で、ここが「病めるアメリカ」の一焦点、したがって天皇訪米に対する反響もまた、両者で当然に違うはず、それなら白人の反応を聞くだけでは不足であり、有色人種の反応も聞くべきで、そうすればアメリカの一面も理解できるであろう、と漫然と考えていた。「知らない」ということは、まことに面白い発想を生むものである。

そこで出発前にアメリカ大使館に、「有色人種の反応といったこと」を調べるには、どこへ行ったら良いかと問い合わせたところ、「それは、有色人種地位向上協会」がよいだろう、そこへ行けば、たとえ満足な答えが得られなくとも、適当な機関を紹介してくれるであろう、という返事であった。ただ細部は国務省の広報部《プレスセンター》（正確にいえば、国務省から間接に指示をうける広報庁）に連絡してくれというので、ワシントンに着くとすぐにそこを訪れた。

広報部のニルソン氏はテキパキと連絡をとってくれた。場所もわかり面会時間も決まったので、天皇訪米等について少し雑談してから、「では」と立ちあがって出掛けようとしたところ、氏はちょっと笑いを含んだ声で「会長は案外、白人かもしれませんよ」と私の背後から声をかけた。

一瞬、足が止まった。私は振り向いて簡単に「ほう、そうですか」と言っただけで、面会の場所へと出掛けていった。が、何となく心中穏やかでなかった。前に何かの新聞か雑誌で「アメリカにおける人種差別は徹底していて、有色人種地位向上協会の会長まで白人である」といった記述を読んだことを、思い出したからである。道々私は、もし本当に白人だったら、痛烈な皮肉の一つもあびせてやろうと、さまざまの「皮肉なる初対面の挨拶」を内心で練っていた。

「日本人は有色人種ではない」

国務省から程遠からぬ立派なビルの三階に、その協会があった。ドアをあけると、秘書らしい二人の女性がいる。二人とも黒人である。何やらホッとして「ニルソン氏、オレをからかったのかな」と思っていたところ、隣の会長室から出てきたバウハウス会長は、まぎれもない白人であった。

氏は非常に丁寧で礼儀正しく、まことにそつのない態度で私を会長室に招じてくれたが、その態度には、普通のアメリカ人のもつ陽性で開放的な態度も、エリート特有の自信満々といった態度もなかった。むしろ、何やら屈折した複雑な感情をもち、絶えず警戒心をもって他人に接し、なかなか腹の底を明かさない、相当に気むずかしい人間に見えた。同時に、私という人間の来訪をどう受けとってよいのかわからず、戸惑っているようにも見えた。「フン、やっぱり白人か」といった私の気持ちを、何となく感じていたのか、後述する理由から何かを〝警戒〟していたのか、それはわからない。おそらく両方であろう。

私は「有色人種の一人としまして、あなたが、その地位の向上に努力されておりますことを感謝致します」と、まず「あなた」の語調を強めて、形式ばった挨拶をした。いうまでもなく「白人であるあなた」の意味である。

ところが、次の瞬間、落ちつきはらった奇妙な返事が返ってきた。「あなたは有色人種ではない」と。

「エエッ」と私は内心で叫び、一瞬、言葉がつまった。有色人種地位向上協会の会長である白人から、有色人種である私が「あなたは有色人種ではない」と断定された、これではだれでも戸惑う。反射的に私は奇妙な質問をした。「では、私は一体、何であるのか？」。彼は落ち着きはらって答えた。「あなたはアジア人《エージャン》であって、有色人《カラード》ではない」。

では一体、有色人《カラード》とは何なのか。私はそれまで非常に単純に、南アフリカと同じようにアメリカでも、皮膚の白いのが白人、皮膚に色があるのが有色人《カラード》だと考えていた。ところがバウハウス氏によると、カラードとは黒人のことであって皮膚の色の有無そのものとは直接には関係はない、したがってアジア人はカラードではないという。

「ほう、これは初耳だ。彼は白人だから、こんなことを言うのだろうか？　では一つ聞いてみるか」と考えて私は質問をつづけた。

「では、カラードという概念は、皮膚の色とは無関係なのか？」

「必ずしも無関係とはいえぬ。しかし私の前々会長、ウォルター・ホワイト氏は、私、よりもはるかに白く、白人とは全く区別がつかなかったが、黒人であった」

私は驚いて彼の顔を見た。その言葉は一種の婉曲《えんきょく》な自己紹介でもあった。

「お前は私を白人と思っていたのだろう。何やら皮肉でも言いたげな顔もしていたな、だがお前の前にすわっているこの私は、黒人なのだ。れっきとした黒人なのだ」

彼はそういった顔付きで、正面から私を見すえていた。私は思わず居ずまいを正した。彼は「白い黒人」だった。前述した新聞か雑誌の記事もニルソン氏の言葉も、彼かホワイト氏かを白人と誤認した〝誤報〟であろうが、ホワイト氏という〝白い人〟がいれば白人と誤認して当然だろう。だがしかし差別が、単に、皮膚の色から起こるといった単純な問題でないことは、われわれの方が、知っているはずである。

では白人・黒人・アジア人といった区別は何できまるのか。氏の説明によれば州政府また連邦政府への提出書類の「人種」という項目への記入、また下付される証明書――たとえば運転免許証――の「人種」の項目できまる。

私ならその項目に「アジア人」と記し、また記されるということだと言った。ではホワイト氏やバウハウス氏のように、一見全く白人と区別がつかない人が「白人」と書いたらどうなるか。またそういう記入を拒否したらどうなのだ。「一応それで通る、また今では拒否もできる。が……」と氏は言葉をつづけて、「どう書こうと、拒否しようと、結局、いつかはわかる」と言った。

黒人解放運動に、アジア人は関係なし

では、黒人という概念は何なのか？「それは、何代か前に、その家系には、黒人奴隷かその子孫の血がまじったという、その地域の伝承に基づく」と。そしてその伝承は執拗にその本人を追いつづける、その人の外見が白人と全く変わらなくても——。

私は憂うつになった。そして何やら、日本における差別の説明をうけているような錯覚さえ起こした。では一体、バウハウス氏たちは、この問題にどう対処し、どのような方向に解決を求めているのだろうか？

それを聞くために、私はまず日本の差別問題を手短に説明し、同時にアメリカの黒人問題は、日本でも関心がもたれ活発に論じられており、われわれはこの問題につい

て無知無関心でないことを説明、最後に、同じような差別をうけている(と私は思う)アメリカのアジア人と連帯してこの問題を解決しようという意向はないかと、たずねた。

そして相手の返事しだいでは「有色人種である天皇への歓迎が、あなた方にプラスになる要素はないのか」と重ねてきくつもりがあった。

彼は日本の差別問題には全然関心を示さなかった。また日本でも黒人問題が論じられていると聞くと、意外さと不快さが混じったような顔さえした。そして「アジア人との連帯」と私が言った瞬間、驚くほどきびしい口調で「オー・ノオ!」といった。

この見幕に私は少々驚き、こちらもやや声高《こわだか》に反射的に「なぜ」ときいた。これに対して氏はごくあたりまえの調子で「利害の調整がむずかしいものが連帯しても、内部調整でエネルギーを失うだけである。それはマイナスにしか作用しない。われわれはわれわれでやるから、アジア人はアジア人でやればよい」と言った。

この返事を、私は最初、氏が私個人かアジア人に好感情を抱いていないためと受け取ったが、後で、アメリカの事情を知るにつれ、氏は、単に私の驚くべき非常識な提案（少なくともアメリカの基準では）に驚きあきれたにすぎないことをさとった——もっともアジア人に好感情はもっていない、と思われる面もあったが。

私の貧しい予備知識のどこかに、「黒人はアメリカ人に迫害されているアメリカ在住の非アメリカ人」とも言える誤解があったのだろう。ところが黒人はアメリカ人であり、人によっては、ある面では一一〇％アメリカ人だという（この評は日系二世にもあったが）。

そしてアメリカ人の原則の一つは「現実的《プラクティカル》」であり、彼らはこの言葉を絶えず使う。これは「実際的」または「実利的」とも訳せようが、いずれにせよ「プラクティカルでないことは無価値」であり「現実的」がいわば基本原則になっている。したがって私は、後に、日系市民協会会長の杉山さんから「ハワイの日系人は日系市民協会に入っていません」と言われたときは、もう驚かなかった。

日本語に訳せない英語「インディビデュアリズム」

日系人はハワイ三十万、本土三十万で両者同数だが、ハワイの日系人はハワイでは少数者ではない。

少数者《マイノリテイ》と多数者《マジヨリテイ》がいっしょになっては、利害の調整がむずかしく、内部調整にエネルギーを浪費して活動できなくなるから別々の方がよい、この方がエネルギーが発揮でき、そうする方が現実的《プラクテイカル》だというわけである。

私はハワイに来たとき、この点についてハワイの日系人の意見をきき、また労働運動で日系人とも関係が深いライネッケ氏の意見も聞いたが、みな異口同音に、それが当然、そんなわかりきった当たり前のことをなぜ質問する、といった顔をされた。

日系人だからといって無理な「大同団結」はしない、それが当たり前の世界で「アジア人との連帯……」などと言われれば、あまりの非常識さに思わず「ノオ！」と強い声が出て当然であろう。また日本の中の差別問題や、日本で論議されている「黒人問題」にバウハウス氏が全く関心を示さないのも、「現実的《プラクテイカル》」第一主義からすれば、当然の態度といえる。日本国内で日本語でいくら黒人問題を論じてくれたって、有色人種地位向上協会に現実的《プラクテイカル》な利益も影響も皆無である。したがって関心を示さなくて当然なのであろう。同時に、日本人にとって少しも現実的《プラクテイカル》でない問題を日本国内で論ずるということに、理解できぬ不思議さを感じたのかもしれない。

同時にこの行き方の背後にあるものが個別主義《インディビデュアリズム》であろう。国務省・日本担当《デスク》のシェアマンさんは、絶対に英語に訳せない日本語の一例として「国体」(天皇機関説否定の国体明徴論の「国体」)を、日本語に訳せない英語の一例として「インディビデュアリズム」をあげ、これは日本語の「個人主義」とは全く別の概念だと言ったが、私は多くの団体責任者や個人と接しているうちに、何となくこの言葉の語感がつかめたように思った。

いわば個人であれ、団体であれ、各州であれ、「同じ日系人だから……」とか「同じ有色人種だから……」といったような言葉で情緒的な一体感を抱いたり、一方的に連帯感をもったり表明したりせず、あくまでも各個別々を原則とするという態度であろう。同時に合同が有利とあれば、現実的《プラクティカル》に合同し、それで一つの「個」をつくってしまう。したがってこの二語は密接な関係があるとも思われた。

日本的スローガンの無意味

日本の労働組合は、団結の鉢巻きをして絶えず連帯を表明するが、実際は企業別組合である。一方、米本土の日系人とハワイの日系人は別々が当然だといったライネッケ氏は、多国籍企業の時代には多国籍労働組合へ進むのが現実的《プラクティカル》だと「アメリカ・カナダ合同ホテル従業員単一組合」を組織した。「万国の……」ではないが、二国の労働者が一つの組合に団結し結合したわけだが、日本では「日韓合同労働組合」はもちろんのこと、国内の企業別の壁を破ることすら、最も〝知的〟な組合でも、不可能であろう。だが、団結、連帯のスローガンはいくらでもある。私がバウハウス氏に言った「連帯」はこの日本的スローガン的意味だが、氏の受け取り方はいわばライネッケ氏的「現実的」意味だったのである。そう思えば、驚くのが当然であろうし、同じ「連帯」を杉山さんに提唱したら、氏も同じように驚いたであろう。

黒人問題は黒人が解決する、他人の無責任な声援などほしくはない。アジア系に問題があるなら、アジア系が自分で解決すればよかろう。といったバウハウス氏の態度は、無愛想といえば無愛想だが、当然といえば当然であった。彼らは、相手の〝顔を立てて〃「検討させていただきます」といったような生返事はしないし、山のように理由と釈明を並べたてて、最後に「ノオ」と言うわけでもない。いきなり「ノオ」である。そして少なくともアメリカという社会では、問題の解決には常に、こういった態度が要請されるのであろう。

同時に、指導者である彼自身が、頑《かたくな》なまでにこの態度をとったもう一つの理由は、それが常々、彼が同胞に要求している態度であったからでもあろう。対談の終わりごろ「あなた自身、同胞に何を要求されるか」と聞いたとき、氏は即座に答えた。「自己への憐れみを捨てること」と。確かに「自己憐憫」や安易な「同類感」は、この競争社会では意味をなさない。

では具体的にはどうするのか、この協会はどのような運動を行なっているのか？氏は私の質問に答えて、目標はまず法律、行政、経済、教育、環境の五つの改善におき、同時に世論工作を行なうと言った。差別の事実をつきとめて、まず法廷闘争を行なう、これは相当な成果を得た。

もし敗訴したら、時には州レベルで、時には連邦レベルで立法活動を行ない、これに成功したらその法に基づいて再提訴して勝訴をかちとる。アメリカは完全な三権分立だから、二権で勝ったら、あとはその法を行政府が完全に執行するかどうかを監視し、もし法に反する措置をしたら摘発していく、それが第一の仕事だ、と氏は言った。同時に氏は、この段階は今では大勢としてはほぼ終わりに近づき、次に主力をそそいでいるのは、法的よりむしろ経済的問題であると言った。

白人と黒人との間の収入格差

氏は「個人的見解」だとことわったが、現在の黒人問題の中心はむしろ経済問題である。一九七四年度の白人一世帯の平均収入は年一万三三五六ドル、一方黒人は七八〇八ドル。これを白人と同じ水準に引きあげることを目標としている、と言った。

私はちょっと驚いた。七八〇八ドルといえば約二百十四万円(一ドル二七四円)、平均月収約十八万円である。「まてよ」と私は内心で計算して考えた。

「アジア・アフリカ・東欧・ソ連はもちろんのこと、先進国といわれる西欧にも、これより低賃金の国があるはずだ。また日本には、黒人よりはるかに貧しい生活をしながら〝黒人は貧しい〟と考えている人が、いるのではないか。

なぜそう考えるのか。単なる誤解か。それもあろう。しかし貧しいと誤解する要素の実体は、物質的収入とは別の要素でもあるはずである。また白人でもメノナイト派〔プロテスタントの一宗派。平和主義を唱え、厳格な教義を確立している〕のような生活をしている人の平均収入は、黒人より低いはず、だが差別はない。とすると、差別を平均収入の開きととらえ、この格差をうめることを差別の解消の主力と考えているバウハウス氏の考え方は誤っているのではないか？」と。

私は率直にこのことを彼にたずねた。彼は答えた。

「確かにそれはいえる。アジア・アフリカの国々と比較すれば確かに高収入である。また他の国々におけるような〝飢餓〟という問題はアメリカにはない。だがアメリカでは貧富は意識の問題である。確かにアメリカでも、貧しくとも尊敬される地位はありうる。しかしそれは例外であり、この国では、スラムは尊敬の対象ではない。だがそれは、あなたの国でも基本的には同じではないのか？

まず統計的に説明しよう。黒人人口の比率は、私のような混血も含めると、一一

〜一二％である。自分に黒人の血が混じっていることを堂々と公言する人はふえたから、このパーセンテージはまだふえるかもしれぬ。現在のアメリカにおいて、本当に貧困といえる人間は約一〇％である。そしてその一〇％の半分は黒人であり、残る半分の白人は老齢者と廃疾者に限られている。

このことは何を意味するか、黒人の四〇％は貧困だということである。私が経済を主体とすると言ったのは、この四〇％を中流階級《ミドルクラス》に引き上げるということである。そしてまず、いま行なおうとしていることの一つは、経済の変動のため、南部に取り残されて、郊外の一軒屋等に放置されているといった黒人家族の救済である」と。

アメリカ人には理解できない日本の部落問題

「なるほど……」と私は答えた。しかし日本における差別は、私は、職業的偏見が大きく作用しているように思う。したがって将来、たとえ黒人と白人が同一収入になっても、もし一定職業に黒人が固定すれば人種的偏見が職業的偏見に転化するのではないか、そういう兆候は見られないか、と私はたずねた。

しかしバウハウス氏は、私の質問の意味をなかなか理解せず、そこでさまざまな具体例をあげ、歴史的に〝未解放部落問題〟を説明しなければならなかった。私の質問の意味をやっと理解すると、彼は非常に驚いた顔をして「アメリカでは、そういうことは考えられない」といい、そういう傾向が全くなく、あまりに現実的《プラクティカル》なのが、逆に問題なのだといった。

「そのため黒人は高収入の職から常に追われる。伝統的にこれは〝黒人の職業だから、いかにその職場が高収入になっても、白人はその職につくべきでない〟と白人が考えてくれるなら、まだよい。だがそうではないのだ。たとえば高級レストランのウエイターである。これは伝統的に黒人の職業と考えられていた。しかしアメリカの生活水準があがり、高級レストランの利用者がふえ、同時に個々のチップの額もあがると、この種のウエイターは〝隠れた高額所得者〟といわれるようになった。するとすぐ白人にその職場を奪われる。

またかつて大工（といっても説明をきくとタタキ大工のことらしいが）は低賃金で黒人の職業とされていたが、建設ブームでこの賃金が高騰すると、たちまち白人に奪われる。封建的な職業の貴賤という感覚は、アメリカ人にはきわめて稀薄であり、収入がよければよい職業なのだ」と。

「では、黒人であることによって、有利・高収入ということは、絶対にありえないのか」

「ない！　黒人であることは、ネガティブ、ネガティブ、ネガティブ、ただそれだけだ」

「しかし、一部のアジア系の方が黒人より賃金が低いと聞いたし、アメリカ・インディアンの収入も黒人より低いと聞いた。また、ベトナム難民受け入れ絶対反対を主張しているのは黒人だとも聞いたが……」

冷たい微笑がバウハウス氏の顔に浮かんだ。それはまるで「それを言いに来たのか？　それを知っているなら、なぜ最初にアジア人との連帯などと言ったのだ」と問いかけているように見えた。

ベトナム難民受入れにみる白人と黒人の違い

彼に言わせれば、私はフェアでないことになるであろう。しかし私の日本的感覚からいえば、反目があれば、これを解消するため、指導者は連帯を表明すべきだ、となる。だが彼はわれわれの体質的なこの行き方を理解しない。

「率直にいう、アジア人との摩擦緊張はもちろんある！ だがベトナム人受け入れに反対しているのは黒人だけではない。この協会で全米の新聞の投書を調べた結果では、反対は黒人白人同数であった」

「では黒人が圧倒的に多いということではないか？ 黒人人口を一割二分と計算し、文盲率等を考慮すれば……」

「そうは断定できぬ」とバウハウス氏は私の言葉をさえぎった。

「反対投書が全部黒人であって不思議ではない。それが半々になったのは、われわれが少数者《マイノリティ》の心情をもち、かつその心情を理解し同情しているからである」

私は氏のこの返答に政治的答弁を感じたが、この問題はこれで打ち切った。

だが彼はつづけた。これは大きな問題である。しかし問題は黒人にあるのでなくアジア人にある。彼らが最低賃金法を守れば何の問題も生じないはずだ。もちろんわれわれは、法の違犯は遠慮なく摘発していく、と。

さらに教育問題、環境問題、文化問題へと進んだが、氏の考え方は一言でいえば「教育は成功に通ず《エデュケイション・ミーンズ・サクセス》」の刻苦勉励・立身出世的行き方で、アメリカ社会において白人対等を能力面で獲得する、といった行き方、いわば反体制でなく、アメリカ的体制の中で、黒人が不動の位置を確保することに置かれていた。確かに、優秀な黒人はすでに政界に、財界、学界に進出し、陸、海軍では佐官クラスはもちろん将官もいる。だがこのことは、黒人の社会に、成功者と脱落者の分裂と相克を招来しないであろうか？

私の質問に答えて氏は言った。

「そういう問題もないではない。しかし現在ではむしろ逆であり、成功した黒人に勇気づけられ、積極的に自己の運命を切り開こうという刺戟を与えるプラスの面の方が強い。確かに過激派もいれば、事件《アクシデント》もある。しかし事件はやはり事件にすぎない」と。

私はこの返事に満足できず、執拗に質問を繰り返したが、最後に氏の言葉を素直にうけとるべきだと考えた。というのは、ニュースはニュースであって、それを彼らの日常と考えてはならず、日常を規制しているのは彼らの常識だが、氏の考え方は、穏健派黒人指導者の常識だからである。

　そして、この考え方を基本として編集している『エボニー』という黒人の雑誌が、年々ものすごい勢いでのび、百三十万部（創刊時二万五千部）に達しているから確かに「刺戟を与えるプラスの面の方が強い」といえるからである。また黒人成功物語は、他の雑誌にも現われているが、これは黒人読者獲得のためであろう。

徹頭徹尾一貫したプラクティカルの精神

　連邦政府はタテマエから言って黒人差別はできないから、十七級の職階制をとっている公務員の試験を次々に突破すれば管理職への道が自動的に開かれる。氏は、その実績をふまえ、一般雑誌にも見られる風潮も利用して、「黒人を管理職にしたがらない悪しき伝統をもつ私企業」の、管理職への門戸を開くことも、当面の目標の一つにしている、と言った。

　その他さまざまの問題を話し合ったが、彼の返事は、良くも悪くも、まことにプラクティカルであり、その点白人のアメリカ人よりアメリカ的だったかもしれぬ。最後に私は言った。

「そのようにして行けば、最後には、黒人差別はなくなるとあなたは信ずるか」

「もちろん信ずる」

「ではそれはいつか。今世紀中に可能か」

「不可能である、二十一世紀であろう」——ということは、以上の目的を達して二世代ぐらい経てば、ということであろうか。彼の予測が正しいかどうか、外部の人間である私にわかるわけはない。ただいわゆる黒人問題の内容が、大きく転換しつつあることは、事実であろう。

対談は終わった。そのとき、私は、彼との会話にユーモアも笑いも皆無だったことに気がついた。そして挨拶をして別れ、ビルの外へ出たとき「天皇訪米」について聞くことを、完全に忘れていたことに、はじめて気がついた。同時に彼が何かを答えていないという気もした。そしてその疑問の一部が解消したのは、ニューヨークの黒人学校の先生と語りあったときであった。

第三章　悪行も告白すれば許される

——連邦政府資料館《アーカイブ》で考えたこと

アーカイブ（連邦政府資料館）を造りあげた精神とは

アメリカに行くにあたって、「極力、実務家に会う」という方針をたてた。高名な学者や評論家は、その人が書いたものを日本で読めばよい、会って、〃自著解題〃を聞かされてもあまり意味はない。一方、実務家の意見は、その人に会わねばわからない。だが、困ったことに、こういう人は、たとえ会っても、学者や評論家のような明快なすっきりした返事は期待できない。

立場を変えれば、私自身もおそらく同じで、もしかりに「日本の出版業について知りたい」などという外国人が来たら「ウルサイネ、この忙しいのに。彼らにゃ関係ないことだろ」といった気持ちが先に立つかもしれぬ。相手に好意を持たない場合、また変に抽象的な質問をされた場合は、特にそうなる。前章で記したバウハウス氏にも、そんな気持ちがあったのかもしれない。無理もない。みな日々の実務に忙しいのだから、その人たちのもつ理念は、その人たちの実務の処理の仕方を徹底的に聞き出し、それをこちらで分析して把《つか》みとる以外にない。

アーカイブ（連邦政府資料館）の、ギリシャ神殿そのままの建物の前に立ったとき、私は、いかなる精神がこの神殿を造りあげたか、という秘密を引き出し、それを日本と対比するには、たとえ何時間かかろうと、実務だけで押して行く以外に方法はあるまいと覚悟した。

前にも記したが「天皇の戦争責任を天皇に直接問うた」のは戦後三十年目である。だが重要な資料は、米軍に押収されてこのアーカイブにあるもののほかは、ことごとく焼却され、皆無に等しい。書類焼却は実に徹底しており、たとえば満州国壊滅のとき、日露戦争時の書類まで焼却されたときの大火事のような様子を、児島襄氏が記しておられる。また『週刊朝日』の涌井編集長から、民間の消防団までその書類を焼却したというお話もうかがった。

ところが、焼却の一方で〝秘話〟は横行する。その収録はベストセラーにもなるが、「個人の思い込み」は必ずしも事実ではない。しかし、その実否を裏づける資料はないから証明はできない。できないからモヤモヤして、天皇への質問も、〝文学方面〟的にならざるを得ない。なぜこうなるのか？

焼却・抹殺は、敗戦時に必ず起こる現象であろうか？　ドイツ人は、強制収容所の虐殺の帳簿から〝処理〟の原価計算まで残しているから、何もかも焼却することが、敗戦に必ず随伴する現象とはいえまい。そしてこの保存という点で最も徹底しているのがこのアーカイブであり、政府の文書はすべてここに集積され、三十年後には一切を公開するという。戦後三十年、日米両国とも民主主義・自由主義のはずだが、この点での両者の行き方は全く違い、日本にアーカイブは存在しえない。

全資料を公開するアメリカ、書類紛失が表彰される日本

アメリカ式にやれば、〝恥部〟といわれる部分も遠慮なく白日のもとに出てくる。その一部はもう出て来て、さまざまな論議を呼んでいる。そして出れば出るだけ「病めるアメリカ」を、アメリカ政府自らが世界に印象づけかつ宣伝する形になり、甚《はなは》だしくその国益を損ずるであろう。なぜ、こういうことを平気でやるのか？

日本ではこういうことは起こり得ない。焼却もさることながら、戦後の〝民主日本〟の政府にも十六万五千の秘密があり（『毎日新聞』松岡顧問による）、さらにこれだけの「秘密があることすら秘密」にしているから、実態は国民には全くわからない。

そして文書の保存に関しては、建設省で田中金脈関係の永久保存の書類を〝紛失〟した功績(?)で、その部が賞をもらったといったような、まことに奇妙なニュースが時々耳に入るだけ、しかしそれを問題にして「アメリカ以上に病める日本」だという人もいない。だが、われわれにとって、それは、健康な状態なのであろうか? もしそうなら、これは両者の〝体質〟の差だという以外に方法はないが——。

私が知りたいのはこの点なのだが、天井の高い堂々たる古典的な部屋での、ニール副館長と二人のスタッフとの会談は、延々とつづく実務論であった。その全部を記すことは無意味だから、ニール副館長の説明の要点を記すにとどめよう。

ある種の文書を一定期間後に一定範囲に公表するという伝統は古くから西欧にあった。しかし、これがアメリカで法制化され、だれでも自由に閲覧できるようになったのは一九六七年「情報取得自由化法」が上院を通過してからであり、以後アメリカ市民は、政府の全書類を、マル秘も極秘も機密も、原則としてすべて自由に読む権利が確認された。

「ちょっと待って下さい。原則としての権利の確認などといっても結局はザル法じゃないんですか」

私は口をはさんだ。どこの国の役人だって、役人は〃マル秘〃本能をもつはず、ましてや悪名高きCIAのお国である。お役人が、自分の首をしめる法律をつくるはずはない。妙な書類が次から次へと出て来て、それを立花隆氏のような人が次から次へと分析し、今日は〃金脈〃、明日は〃共産党〃という形で各省から軍部、最高裁までやられたら、大変なことだ。今の国務省や軍の大物が、三十年前の若き日に賄賂をとっていたなどという証拠が出てきたら、大恐慌だろう。

そういう法案は最後の小骨まで役人に抜かれ、それが国会に提出されれば、「審議拒否」対「強行採決」で、中身不明のままタテマエだけ立派なザル法ができるにきまっている、そしてたとえザル法ができても、建設省的〃紛失〃が賞の対象では、そのザル法すら空文だろう。これが私の常識だからである。

外交的配慮もプライバシーも、一切考慮しない伝統

ところがニール副館長は私の言うことが理解できない。それは「法案とはお役人が

つくり、政府がそれを国会に提出し、強行採決するものだ、したがって実質的な立法権は役人がもつ」というこちらの意識が相手に通じないからである。

結局、「いや、アメリカは日本と違って完全な三権分立だから……」という何回も聞かされた台詞《せりふ》を聞かされる羽目になったが、この法律をつくるにあたって、ロビイストのような形で最も大きな役割を演じたのは新聞記者で、その中には、ウォーターゲート事件で名をあげた人もいたという。

したがって実にきびしく、その点で逆に問題が出て来ており、いまそれが裁判になっている。その裁判の話をきくと、日本の「知る権利」とはちょうど逆で、プライバシー保護の立場から、この書類のこの部分は「例外」として「見せない権利」を行使させよ、という裁判なのである。

ニール副館長は非常に強気で「先方は法廷で『例外』を証明する義務があるが、先方がその義務を遂行すれば『法廷で見る権利』を生じてしまう。先方がそれを拒否すれば『例外』が証明できずに敗訴する」。だから、いくら訴えられてもかまわないと言った。

ではプライバシーの定義はどうなるのか。氏によると非常に厳格で、公人（公務員も含めて）にはプライバシーの権利は認めないに等しいが、元来アメリカはそういう国だといった。

では押収書類もその点は同じなのか。天皇のプライバシーに関する部分が出て来たらどうなるのか、ときいたところ「法に基づきその例外は一切認めない」という。この、立法府に外交的配慮がなく〝独善〟に傾くのも、アメリカの〝伝統〟らしい。

この点、アメリカの立法活動は、議院内閣制のわが国では、その実情に、わかりにくい点がある。立法府は行政府と相談なく勝手に法律をつくってしまう。そして行政府がその法に不服なら大統領が拒否権を発動すればいいという態度であり、そのため前述の日系人の「帰化法改正」の場合のような事態も生ずる。したがって「ロビイスト」が活躍し、ワシントンの「何々協会」というのは、日系市民協会も有色人種地位向上協会も、ことごとくロビイストだといってよく、これにはそれなりの弊害もあるらしい。

こういう点で、大統領とその周辺への〝根まわし〟はないのか、と聞いてみたが、それはむしろ逆で、「最大のロビイストは大統領だ」という面白い言葉も聞いた。

行政に必要な法を制定してもらうときの大統領の位置は、実質的にはロビイストと変わらないという意味であろう。これは予算の審議でも同じらしく、かつて下院航空宇宙委員会委員時代のフォード現大統領の下で、航空宇宙局の予算審議のコンサルタントをしたギブニー氏によると、この予算を年度別にするか別枠の長期予算にするかを審議するのに、行政府は無視されて、委員会がコンサルタントの意見を基に審議討論して、勝手にきめてしまったという。

こうなると、行政府もロビイストと同程度の活動しかできないわけだが、この状態では、新聞界の猛者たちに、ザル法運動をする結果になってしまうから骨抜きは少々無理で、やっても逆効果であろう。したがって「ザル法云々」がニール副館長に通じなくて、不思議ではない。

関係者の政治責任は時効扱い

その結果、三十年たてば何でも（もちろんわずかの例外はあるが、例外規定は明確で、それが不服ならまた裁判）白日のもとに出てくることになってしまった。戦後のGHQと日本政府の関係も、冷戦時代の米ソ間のさまざまな問題も、みんな出てくる。

いや、もうすでにブラッドレー参謀総長が作戦上で大きなミスをした証拠、ある高官が、ソ連に抑留されている外国人（ドイツ兵捕虜か？）の釈放にからんで多額の賄賂を取った証拠、さらに、連邦政府が百二十年前にインディアンと結んだ条約を全然守っていない証拠も出てきた。

まだ出ない面白いものでは、キューバ関係文書、キューバへのミサイル持ち込みに対するケネディ、フルシチョフの応酬があり、これもそのうちに出てくる。

「では、次から次へとそういう問題が出てきたら、それに関係した個人の責任はどのように問われるのだ」という私の質問に答えて、ニール副館長は「原則として時効と同じ取り扱いになる。これはすでに歴史的文書であって、政治責任追及の訴状ではない。したがって収賄が証明された本人にも何の訴追もない。本人も平然としている。しかしインディアンとの条約は、議会の再議決を経て連邦政府にその実施を命ずることになっている、ただこれは例外だろう」と言った。

一体、こういう制度はいつごろできたのか。ニール副館長によれば、制度としては一七八九年のフランス革命のとき、同国が国立文書館をつくって一切の記録をそこへ集めることを法制化したのが最初、ついで一八三〇年にイギリスに公立記録所《パブリック・レコード・オフィス》ができ（ただしイギリスの場合は王室資料は除いている）、アメリカは一九三四年に、いまのアーカイブとほぼ同じものができた。ただし公開は原則として特定の歴史家のためで、史料編纂所のような性格のものであった、という。

ただそれ以前から、政治家等が、自己の記録をメモに至るまで一切、史料として母校に寄贈する慣習がイギリスにあった（ニクソンの「証拠テープ」もこのメモの伝統とのこと）。イギリスで政治家の母校といえばオクスフォードであろう。とするとこれはかつての僧院であり、そこへ懺悔・告解のような意味で、自己の生涯の記録をすべて寄贈したのであろうか？

この点、ニール副館長は「そういう歴史的なことはよくわからないが……」と言いつつも、アーキビスト（資料官？）は伝統的に強い誇りと使命感をもち、一種、聖職的な意識があるとは言った。この言葉は現にいま目の前にいるニール副館長と二人のスタッフを見れば、そのまま「なるほど」と受けとれる。

また伝統という面から見ても、聖書のL資料といわれる最古の文書資料はダビデ王（紀元前一〇〇〇年ごろ～九六一年）の書記官が記したもので、この書記官の地位は非常に高く、正確に記して残すことを、一種、聖職のように実行しているのを見ても、聖書の伝統にある彼らの聖職意識は不思議ではない。そんなことを考えて、「一点一画もおろそかにせず」式の、彼らの実務方式の話をきいていると、私には何やら浮世ばなれがした宗教家の話を聞くような気がして、緻密きわまるこのアーカイブが、主権者国民に政府が懺悔をする懺悔室のように見え、三人が懺悔聴聞僧のようにも見えた。

国益への配慮を、どう考えるか

ではこの人たちは〝アメリカの良心〟なのであろうか？　私は「病めるアメリカ」とか「アメリカの退廃ここにきわまれり」とかいった言葉に対して、必ず出てくる「いや、あのように、何もかもさらけ出せるのは健全な証拠だ、それにひきかえて日本では〝金脈〟一つ……」といった反論を思い起こした。

そこで私は、前述の終戦時の書類の焼却から、十六万五千の秘密があることすら秘密であること、さらに西山事件から、〝金脈〟の立ち消え、それによる田中前首相復活予想まで話し、ニール副館長と二人のスタッフに、あなた方はこの状態をどう思うか、ときいた。言いかえれば「病める日本」「日本の退廃ここにきわまれり」と診断を下すのかどうか、という質問である。

三人はしばらく顔を見合わせていたが、やがてニール副館長から、まことに資料官《アーキビスト》らしい、また実務家らしい答えが返ってきた。

「文化の違いと想像するが、資料がないから、何とも答えられない」と。

「では、うかがいたい」と私はつづけた。

「あなた方も、連邦政府へ忠誠を宣誓した職員と理解しているが、すべての資料を公開し、あらゆる醜聞《スキャンダル》も明らかになった場合の、政治的影響は考慮する余地はないのか。いわば対外的威信の失墜から国益を損じ、かつ政府不信を国内的に醸成する、といった面で考慮することは一切ないのか。

というのは日本では少なくとも国益への配慮は当然と考えられ、何よりもこれが優先し、これを無視して国家への不利を招来すれば、その人間は〝反政府〟〝反国家〟と考えられても、国家・国民に忠誠とは考えられず、必ず『そこまでやらなくても……』『諸外国への影響も考えよ……』といった世論が出るからである。田中金脈のときは、マスコミにさえ、それに似た配慮があった。この点を、政府職員であるあなた方は、どう考えているか」

彼らもアメリカ人であり、アーカイブは政府機関なのだから、アメリカに不利、政府に不利という意識が皆無なら、少々不思議ともいえる。そしてその態度は少なくとも、彼らの原則の「現実的《プラクティカル》」に反するであろう。

こういう疑問をもつのは、私だけでないことを最近知った。対象がアーカイブではないが、香港の中国系新聞が（中国の意をうけていると思うが）、上院のＣＩＡ追及を批判して「上院は、水に落ちた犬を盛んに打っているが、あまり打ちすぎると、その犬は（ソ連に対して？）番犬の役目もせず、獲物をとってこなくなる」であろうと、相当きびしく批判している。一言でいえば「その機関の存在を認める以上、その態度は現実的ではない」という批判であろう。

確かに、同一人格である一政府の一方にCIAがあり、一方にアーカイブがあるのは、中国的発想から見れば、自己矛盾的とも支離滅裂ともいえるかもしれぬ。

だが誇り高き実務家、ニール副館長と二人のスタッフには、まず、私の質問の意味が正確につかめず、質問・応答がまことにちぐはぐになった。そこで具体的例をあげ実務、実務、と取り上げて次から次へとつめて行ったのだが、結局「そういう発想が出るのは、文化の違いと思うが……」であり、おぼろげながら相手の考え方はわかっても、これをつめて結論として摑むことができないのである。

盗作・盗用を悪びれずに通告してくるお国柄

ただ私は、ニューヨークへ来て、ユダヤ人と日本人の夫婦と話をしているとき、不意に「ニール副館長が言っていたのはこのことだ。一文化圏の倫理的判断の基準は、庶民も政府も変わらないのだな」と気づいたことがあった。

この御夫婦は御主人のS氏が経理士、奥さんのA子夫人は有名なファッション・デザイナー、その作品はアメリカの高級デパートで売られ、大変に好評である。ところがデザイン盗用は何も日本のお家芸ではなく、ニューヨークでも実に盛んらしく、A子夫人は、「それはそれは、本当にひどいんです。こうなります」といって両手のひとさし指をのばして耳の上に置き「頭に来ます」という仕種《しぐさ》をした。

「それはもう日本では考えられないひどさなんです。堂々と、デザインを盗用しましたと電話をしてくるんです。あまり憎らしいので『お名前とお電話番号をいただきたい』と申しますとね、平気で言うんです……」

「ヘエー、それで御主人は？」

「ところが主人は平気なんです。こそこそやられるより、堂々と通告された方がいい。そうなれば販売の計画も変更できるし、これだけ盗用されているのだから立派なのだ、と言って高く売り込むこともできるし、法的に対処ができると判断すれば、すぐ訴えることもできる。しかし、コソコソやられては、それができないから……」

「なるほどネー、そりゃ確かにそうだな」

「理屈ではそうですわネ、商売の方は主人まかせで……。でもわたし、日本人でございましょう。それに女ですから、あれをやられるとたまらないんです。

せめて、自分のやっていることは、不正なことなんだと思って、すまない、すまない、という態度で秘かにそうーっとやってほしいんです。それが良心というものでございましょう。それなら許せるという気がするんですけど、ああ堂々とやられて電話までされては、全く良心のかけらもない、本当に図々しい悪党という気がしまして、カーッと頭に来てふるえてしまうんですよ。主人は不思議がりますけど」

そういってA子さんは少し震えていた。結局A子さんが「ひどい」といったのは、盗用の件数よりむしろ、「相すみません」の気持ちがゼロの相手の態度らしいのである。

デザイン盗用とCIAは規模が違うが、秘かに情報を盗みとって来て利用する点では同じであろう。だが、それをある期間後に、堂々と公表し相手に通告した際、その受け取り方が日本人とアメリカ人では全く違うわけである。われわれは、罪を意識して秘かにじーっとしていれば、いわば蟄居《ちっきょ》閉門で謹慎しているなら、それ以上追及しないのは武士の情けなのである。〝金脈打ち切り〟もこの論理であろう。

ところがアメリカ人は、四つ辻に立って「私は罪をおかしました」と大声でその内容を「うそ偽りなく」懺悔すれば、それ以上追及されないのであろう――法に違反しておらず、違反していても時効になっていれば。この夫婦とこの問題を論じていると、結局、そういった結論しか出てこない。

"アメリカそのもの"の基本的考え方

この点、興味深いのは『週刊朝日』（一九七六年十月三日号）のハワード・ハント著『大統領のスパイ』への書評である。この著者はウォーターゲート事件の裏方の主役だが、自分がやったことを、何もかも洗いざらいに、しかも少々楽しげに「相すみません」ゼロで平然と書いている。

書評はこれに対して、例によって例の如く「アメリカの退廃ここにきわまれり」だが、これはA子夫人の受け取り方とほぼ同じである。一方、アメリカ人の受け取り方は、おそらく御主人のS氏と同じで「この方が許せる」のであり、そうであるがゆえに、こういう本を本人が書き、出版もされたのであろう。

ニール副館長と二人のスタッフの考え方の底にあるものは、つきつめていえばS氏のような考え方である。そしてその考え方を聞いているうちに、「なるほど、これはアーカイブだけでなく、S氏のような一市民だけでもなく、アメリカの上下両院にも、ジャーナリストにも通ずる、〝アメリカそのもの〟のような基本的な考え方だな」ということはつかめた——もっとも日本的であれアメリカ的であれ、常に悪用はあるであろうが。

簡単にいえば、アメリカが収容所群島をつくり、何を言われても知らぬ存ぜぬ、そんなものは存在しませんで押し通すようになったら、それはもう「アメリカがなくなってしまった」ことであり、したがって「これをやっているのはアメリカだ、やめたらアメリカではなくなるのだ」といった意識、いわば他のことは一切考慮しない聖職者的意識だといえる。これはアメリカという国が人造国で、意識的な「アメリカという意識」でしかない国だからでもあろう。そこまではつかめた。

日本人の尺度でアメリカ人を計る愚

だがこの意識の基本は、何に由来するのであろうか？

私は、礼儀正しい三人に送られ、人ひとりしか通れぬほど狭い、トンネルのような、アーカイブの玄関を出た。窓がほとんどない、神殿か陵墓のような建物から出て青空を見たとき、何かから解放されたような気がした。総容積百万十四立方フィート、合計二十五億ページの資料をもつこの建物は、アメリカというよりむしろ、アメリカという〝辺境〟で開花した西欧の文化様式の、一つの象徴に見えた。本家より辺境の方が、ある文化様式が、形を変えて強烈に出るのは不思議でない。

というのは私は、モンテーニュの言葉をここで思い起こしたからである――

「わたしは、自分があえてすることは、すべてこれをあえて言うように、自分に命じた……わたしの行為行状の最も悪いものも、これをあえて言わないことの醜く卑怯であることにくらべたら、そう醜いとは思われない……」

これはニューヨークのデザイン盗用者から、アーカイブとＣＩＡが併存する連邦政府にまで共通する基本的な伝統的意識ではなかろうか。だがわれわれは、アーカイブは立派に見えても、デザイン盗用者や「大統領のスパイ」の態度は立派に見えず、これをされたら、私でも、「頭にくる」であろう。問題はおそらくここである。

この対談で、最後まで出て来なかったのが、ベネディクト女史の『菊と刀』――恥の文化と罪の文化という対比である。ニール副館長も二人のスタッフも、日本学者ではなく、日本のことは全くと言ってよいほど知らず、また自己の専門の資料学以外には一切無関心の実務家であった。おそらく『菊と刀』は読んでいないであろう。

だが、もしもこの人たちが、資料分析から日本を見たら、その結論は『菊と刀』と全く同じものになったであろうと思った。私は『菊と刀』には異論がある、しかし、普通のアメリカ人には、今の時点でも、これ以外の結論は出せまい。われわれに必要なことは、それを知っておくことかもしれぬ。

アーカイブは活動しつづけるであろう。さまざまの秘密は明らかにされ、あらゆる醜聞は出て来よう。そのたびに「病めるアメリカ」の大声があがり、それに対して「いや、あれができるのは健全、それにひきかえて日本では……」式の小さな声もあがる。そして時には、この声の大小は逆転もするであろう。しかしいずれも正しくはあるまい。それはだれかがモンテーニュの基準をもって来て「病める日本、醜悪の極《きわみ》」と大声で断定し、それに対して「いや、自らに恥じるという自律性をもつのはA子さんの言った通り〝良心〟がある証拠、それゆえにむしろこの方が健全、それにひきかえ悪を自慢気に……」式の小さな声があがるのと、同じことだからである。

アーカイブの直接の起源はフランス革命だと聞いたためであろうか？ 私はふと「アメリカ人に対してはアメリカ人の尺度で計らなければならない、日本人に対しては日本人の尺度で計らなければならない」といった意味の、モンテスキューの言葉を思った。少なくとも戦前の日本人は、自分の尺度でアメリカ人を計り、とんでもない結論を出して大失敗をした。

今は、どうなのであろうか？ またアメリカ自身は、この点、どうなのであろうか？ これが以後の旅の探究の一主題となった。

第四章　日系人は、いかにアメリカに溶け込んだか

——アメリカが見えてくる一つの視点

州と連邦政府との内交交渉

「どういうわけですかな。アメリカという国は、入国の瞬間にも一向に異国情趣《エキゾチシズム》を感じません。全く、異国情趣《エキゾチシズム》のない国です。これがメキシコですとグーンと感じますし、カナダでも感じるんですけど」

米大陸と日本との間を何度か往復したNさんは言った。

私も同じである。ワシントンの空港を出て、タクシーで都心に向かうとき、「制限時速五十五マイル」と記した交通標識が目に入った。これは私が米大陸の地上で最初に目にした英語で、黄色の板の上へ黒々と記されていたが、何の変哲もないその標識は「日本のよりデカイな」という印象を私に与えただけで、異国情趣など感ずるはずがない。ところがよく調べてみると、この単純な交通標識の背後にも、一つの異国が存在しているのである。

この標識が立てられたのは、オイルショックの時だという。この点は日本と変わらないが、連邦政府の指示と、「燃料節約」「資源愛護」という「天下の世論」のもとに、たちまち全米に立てられたわけではない。州の抵抗はすぐはじまる。「州内を時速何マイルで走らせてよいかは、州がきめることだ。州内のことに、連邦政府が口を出す権限はない。州内のどこを何マイルで走らせようと、わが州の勝手だ」であって、この個別主義の前には「地球の資源に限りあり」「資源愛護は天の声」などと言っても、ききめはない。

ではどうなるのか。たちまち外交ならぬ内交交渉がはじまる。それはわれわれから見れば相当にエゲツない取引であって「五十五マイルに制限すれば、お前の州のこれこれのハイウエーの維持補修費の三〇%を連邦政府が負担しよう」「それなら、制限しないでもないが、三〇%じゃ不足だ、七〇%出せ」「七〇、冗談じゃない五〇にまけろ」といった形で妥結するのだという。

アメリカの外交は内交の延長

国際法専攻のNさんは、アメリカ外交のやり方は、この対州内交のやり方が基礎になっており、対内対外の姿勢は基本的に変わらないから、この点を研究する必要がある、と言った。そういわれ、また同じような例も指摘されてから、マーシャルプランにはじまる戦後のアメリカの外交政策を振り返ると、「なるほど」と思いあたる点が多い。彼らは「小独立国はアメリカの州ではない」と理屈ではわかっても、実際には判別がつかなくなるのかもしれぬ。

どの国でも、対内基準と対外基準は基本的には同じだから、日本が派閥外交ならアメリカは対州外交になるのが当然、したがって、それを探るつもりなら交通標識一本おろそかにできないわけだが――異国情趣がないので、つい「日本と同じ」と錯覚し、日本の基準で断定してしまう、この辺が一番こまる問題である。

交通標識はほんの一例だが、これが服装であれ、車であれ、最新のビルであれ、オフィスであれ、ホテルであれ、またホテルでの食事であれ、基本的にはほぼ同じ状態、また日常の挨拶も挙止も短い会話も日本とあまり変わらないから、確かに異国情趣はなく、「日本とほぼ同じ国だ」と受け取って不思議ではない。

「標識」だけを見ていれば、それがどのような方面のどのような意味の〝標識〟であれ、また、〝民主主義〟という〝標識〟であれ、両者はほぼ同じで、先方がデカイだけである。したがって「文化の違い」を強調するのは行きすぎだ、といった意見が出て不思議ではない。大分前に、ある有名教授のそういった意見が新聞に出たので、それを紹介しようと思ったのだが、いま読み返してみると、その論旨は結局Nさんの「異国情趣を感じない国です」の一言に要約されてしまう。

では一体「アメリカって何なのですか?」「そうですなあ、少し前までは便利な返事があったのですが……」と日系市民協会ワシントン支部長の堀内さんは、そこまで言ってちょっと言葉を切った。氏は日系四世、戦前のことも、戦時収容所のことも知らず、日本語は勉強中で、まだ全くできず、ちょっと失礼な表現だが、日本的風貌という〝標識〟では、銀座を歩かせても完全な日本人で異国情趣はないが、それ以外は完全なアメリカ人のはずである。

その氏が「昔は、アメリカとは何か、それは人類のルツボ《メルティング・ポット》だ、ではじまったのですが……」とつづけた。「いまはちょっと別の考え方が出てきましてね、ルツボでなくモザイクだという考え方で、これは若い者には支配的な考え方です」。

アメリカは人種の「ルツボ」か「モザイク」か

いわばアメリカ自身に新旧二種の自己規定があるわけだが、モザイク的な考え方も必ずしも新しいとはいえず、アメリカとは、この二つを内包し、それが交互に表に出てくる国のようにも思われる。というのは一九二〇年代にも似た考え方がある。しかしこの時代には、モザイクの範囲はヨーロッパ系に限られている。この二つの自己規定のうち、前者の考え方をする者をルツボ派、後者をモザイク派として対比すると、大体、次のようになるであろう。

ルツボ派の考え方は、世界中から〝自由の天地という名のルツボ〟に集まった各人種・各民族が、そこでアメリカという理念を中心に融合し混血し、新しい別種の合金のような新文化を創造して行くという考え方であろう。いわばみなが混合・融合して新しい一類型の「アメリカ人になる」わけである。

一方モザイク派は、アメリカとは元来、アメリカという空間と合衆国憲法という大まかな枠組みがあるだけ、したがって文化的には無色・無性格であり、同時にそうあるべきものである。いわば表に出ないモザイクの台のような存在で、その台上で、各民族がそれぞれの伝統文化を、モザイクの一片一片が自分の〝色〟をそのまま発色するように、十分に自分の文化的特色を発揮すればよい。一片一片は確かに別色だが、これを総体として眺めれば一つの絵になっている。――これがアメリカ、アメリカとは、このモザイク画のことを言うのだ、という考え方である。

「堀内さんはどちらですか」と私はきいた。氏は「私はモザイク派です」と答え、日本のことは自分も学びたい、また三世、四世には非常にその希望が強い、日系市民協会主催の日本語教室、日本文化教室（お茶・お花も含めて）は実に盛況です、と言った。また氏は、「これは必ずしも一般化《ゼネラライズ》できないが……」と言いつつも、二世は大体ルツボ派、三、四世はモザイク派だと言った。

だがここで堀内さんの言われた日系一世、二世、三世という言葉は、実質的な「世」よりも、年代別世代論的名称といった方がよいと思う。というのは、一世といっても戦後渡来した一世もいるし、二世といっても、明治生まれの二世もいる。

私は日系人を、明治一世、大正二世、昭和一ケタ二世、戦後三世というふうに分けてみた。俗に二世といわれる象徴的二世は「大正二世」であり、昭和一ケタ二世は、私の会った範囲では、むしろ三世に近い考え方の人が多かった。そして二世のこの分岐点は、戦時収容所に入れられた年代が、十五歳以上か以下かで分けうるようにも思った。

戦後の日系人が歩んだ苦難

「(大正)二世は一番気の毒な位置にあり、一番苦労した」。日米時事社の浅野氏もいわれた。その少年期は満州事変から日華事変に至る排日時代である。日系少年が通っていた小学校は約百校だが、どの学校どのクラスでも、排日教育とはいえないまでも〝中国侵略非難教育〟といえる面はあり、新聞も『リーダーズ・ダイジェスト』も、南京虐殺・パネー号撃沈非難の大キャンペーンをやっていた。

ところが家に帰れば、きびしくかつ愛国的な両親は、そんなことはすべて逆宣伝で、日本は世界一立派な国だという。そして戦争、収容所、日本の敗戦、植村女史が記しているような日系人への〝魔女狩り〟的雰囲気、数多の残虐事件への糾弾、戦争犯罪の摘発等々、彼らは両親すらわれわれに嘘を教えたと言った。

無理もない。毅然としていたかに見える一世にも、祖国の崩壊が一大ショックだったことは、「在米同胞の新時代に処して」（前掲『帰還復興史』一九四八年刊の序）の中の次の文章に明らかだからである。

現在同胞の立場は宛《あたか》も戦前の在米中華人に類似した境遇に置かれてゐる。即ち当時の中華人は祖国は内乱に次ぐ内乱で統一した強固なる中央政府はなく列強の勢力は国内に浸潤し、国際的に殆んど無力であった、故に祖国の背景は在米華人に何等の信頼を置くに足るものでなかった。然るに此事実を充分に認識した在米華人は故国依頼を一切放棄し同胞一致協力の力に依って資金を集め事業を興し遂にアメリカの経済機構の中に厳然たる一地歩をしめるまでに至った。敗戦日本を背景に持つ在米日本人は現在果して戦前の在米華人の如き徹底した認識を持ってゐるであらうか。

我等同胞は今や故国依存の旧套を脱し同胞相協力し協和の力に依って（太平洋）沿岸に於ける同胞社会の結成と経済の再建に乗り出さなければならない。

簡単にいえば「華僑の如くに生きねば生きられないのだ」という決意をせよということだが、その位置はかつての華僑よりはるかに苦しかった。というのは、当時まで中国は一貫してアメリカの友邦だったからである。

物心両面にわたるあまりの苦しさに「二世は」と浅野さんはつづけた。「日本人であることを卑下し、日本語を捨て、日本人であることを自らのうちに消し、『オレはアメリカ人だ、オレはアメリカ人だ』、と意識的に自己規定して生きてきた」と——一一〇%アメリカ人という言葉が、「意識的に自己をアメリカ人と規定しているアメリカ人」の意味なら、まさにその通りであった。

明治一世と大正二世の差は、天皇奉迎にも戦時収容所への〝評価〟にも、はっきり表われている。「戦時収容所？　あ、一世は何の苦労もしていません」。ビル・細川氏は言った。言うまでもなく氏の言葉は、「一世には心理的な苦しみはなかった」の意味である。簡単にいえば「自分は日本人なのだ、彼らの敵なのだ、敵だからこうされて当然だ」という意識である。したがって一世は一種傲然《ごうぜん》とそれに耐え、耐えることに価値を見いだしえた。

このことは、女性も同じで、サンフランシスコの一世の老婦人も、はっきりと私に言った。

「……ええ、隣近所で助け合って荷物をまとめましてね。殺されるんなら一緒に死にましょうといって、連れられて行きました。でもアメリカは、本当によくしてくれました……」

確かに死を覚悟して行った者にとっては「よくしてくれました」であったろう。

一一〇％アメリカ人を演じる日系二世の仮面性

さらに一世には、戦時収容所は日系にとってプラスだったという人までいる。まことに現実的《プラクティカル》な意見だが、これによって日系の東部・中部への移住がすすめられ、約十万が全米に散ることによって、カリフォルニアの地元産業が全米的にのびたという。

だが大正二世にはそういう評価はない。「ドイツ系は、個人的には逮捕された人もいます。否、死刑になった者すらおります。しかしそれはあくまでも個人です」「本当に苦しんだのはわれわれ二世です。われわれはアメリカ人として教育されてきました……そのアメリカが……」理由なく、否「日系である」という理由だけで、自分たちを、アメリカの市民を、敵国人同様に収容した。一体どうすればよいのか、それから逃れる方法は「日本人であること」を消して、このルツボの中に完全に溶け込んでしまう以外にないではないか。

彼らは一心不乱にそれをした。そして日本の敗戦と同時に自己の内なる「日本」を日本語もろとも捨て去った。この生き方は、華僑の如くに生きようとした一世とは違う。だが一体だれにそれが非難できるであろう。日本の中でさえ、日本語廃止論はあったのだから——。

戦後アメリカの遠縁をたずねて来て、二世である親戚に「私はアメリカ人だから……」「私はアメリカ人だから……」を連発され、辟易《へきえき》して帰って来た日本人を私は知っている。だが私は、この意識的アメリカ人は、本当は、心のどこかでアメリカを信頼していないし、その像は、自ら描き自ら演じている空虚な自画像だ、と思った。

それは、「オレは民主主義者だ」「オレは民主主義だ」と自己にも他にも言いつづけている、ある世代の戦後の進歩的日本人のようなもので、意識的で一一〇%であるがゆえに、内実は本物でないことが、逆に明らかになっているのと同じ状態である。

これを相当辛辣な口調で私に語ったのは、昭和一ケタ二世の『日米交渉史』の著者エディソン・宇野氏だった。氏は一部の二世を「仮面の人」、絶対に本心を表わさない人たちだと言った。

宇野さんとは気が合いすぎたらしく、夕方の六時から夜中の二時まで話し込んでしまったが、以上の点に関する宇野さんの言葉を簡単に要約するなら「制限時速五十五マイル」という標識を、あるいは「アメリカ」という標識を、何もいわずに黙って掲げてしまうのは、表面は最もアメリカ的に見えて実はアメリカではない、ということなのである。

その通りかもしれぬ。だがそれは戦後の日本にもいえることである。「民主主義という標識を掲げよ」といわれれば黙って掲げるのは民主主義ではないし、非民主的と言われまいと口をつぐむでは形を変えた全体主義だ、と言われれば確かにその通りである。だが、私自身は同世代の大正二世の苦しみに共感できる面があるので、どうしても同情論・弁護論が先に立つ。

そこで浅野氏が「二世も改心していますが……」（氏ははっきり「改心」と言った）に始まる次のような話をしたと宇野さんに言った。

時代に翻弄されつづけた日系二世、三世、四世

天皇訪米にあたって、浅野氏が委員長になって奉迎委員会をつくった。だが二世は、「関係ない《ノー・インタレスト》」で委員にもならねば募金にも応じない。だがやがて〝反省〟し〝改心〟して、積極的に参加してくれた。

「私は」と浅野氏はつづけた。「この拒否を少しも不思議に思わない。だが陛下奉迎のこの機会に、彼らも、母国への認識を深めてくれるでしょう」といい、非常に素直な喜びを示された——「だから、二世は」と私は強調した。「拒否すべきだと思ったときは拒否しているのですから、常に、言われたまま黙って〝標識〟を掲げるわけではないでしょう」と。

ところが宇野さんは、

「それが二世だ、世論の動きをじっと見て、奉祝を拒否したら逆に変な立場に立たされそうだと思えば急に豹変する。それはアメリカ人が、説得に応じてフェアに意見を変えるのとは全く別のことだ」

と、さらにきびしくなる。そしてそれは、天皇への公開書簡を用意していた宇野さんの態度とは基本的に違うことは否定できない。だがこの二世の態度は「……は世界の大勢」といわれれば、すぐその方へなびく戦後の日本人と同じといえる。

確かに一般化はむずかしいが、宇野さんのような昭和一ケタ二世、また三、四世には、こういう態度はない。この人たちは「私はアメリカ人、私はアメリカ人」と自分に言い聞かせる必要のない、いわば「無意識のアメリカ人」で、それ以外の何者でもないといえる。前述の堀内さんにははっきりそれが感じられ、そしてこれら三、四世は二世をきびしく批判する。しかし、そういうタイプの三、四世を生み出したものは、実は、批判にさらされている二世の「意識的アメリカ人」という生き方だったはずである。

『ロサンゼルス・タイムズ』のコラムニスト、サイデンバウム氏から「日系二、三世論」を聞かされているうちに、私はいつしか、戦後日本の権威なき父親像を思い浮かべ、「父」とは何かという問題の焦点を彼の「二世論」の中に見、考え込まざるを得なかった。歴史は皮肉である。大正二世が日本を捨て切ったとき、日米関係は急激に変化しだした。そして三世が社会に出るころ、日系は「日系としてアメリカの中で評価されうる」「日系であることが逆に有利な場合もある」という時代になってしまった。

同時に、戦争中は当然ルツボ派が全盛で、アメリカの理念「星条旗」の下に結集せよだったが、平和とともに、モザイク的考え方が出てきた。

「それらは、さまざまな面で、さまざまな現われ方をしている。たとえば日本に進出する米企業、アメリカへ進出して来た日本の企業は、ともに三世に目をつける。その理由は言うまでもなく〝日本語がわかり日本のことをよく知っているアメリカ人〟と思うからである。しかし……」

中国人三世、四世との違いとは

現実は全く違う。当然、奇異の目で見られ、そのとき三世は一つの屈辱感と、アメリカの中で、自己の文化的位置づけのできない少数民族――ということは、モザイクの一片として光彩をはなち得ず、したがってアメリカに参加していないアメリカ人といった虚無感を味わわざるを得ない。

「父よ、なぜ私に日本語を教えなかったのか。中国人は、三世も四世も、中国語ができるではないか！」

これに対して二世は答え得ない。「そこで権威を失ってしまう」と氏は言った。

「もちろん例外はあるであろう。だがしかし、父とは、伝統を継承してこれを子供に伝えるから権威をもちうる、この原則には例外はない」と。私はこの一世、二世、三世の関係と、戦後日本の世代間の関係とに、一種の併行現象を見ないわけにいかなかった。

では三世はどうなるのか。彼らは自己の文化的位置づけを自分の方から故国に求める。だがしかし、そのアプローチの仕方は、完全に「アメリカ型」で、一世とは全く違う。そしてそれを見ていると「なるほど、アメリカとはこういう国なのか」と、はじめて納得がいくわけである。その感じを簡単にいえば、ルツボの中で溶けうるものは溶けてまざってしまう。そしてもし文化を「生活の方法《ウェイ・オブ・ライフ》」という面で見るなら、衣食住はローストビーフからラーメン、インディオ式服飾から中国的椅子まで溶けてまざり、それが画一化した量産品となっていく。しかしそうなると、どうしても溶けない部分が、いわば伝統的な文学、芸術、宗教、思想が、逆に意識的に顕在化され、再把握され、それが表に出てくる。禅の流行などは、その一例にすぎない。

そしてそう見ると、ルツボ派とモザイク派は必ずしも対立するものでなく、真のルツボ派として溶けこんでしまった者がモザイク派だという結果になる。そしてそれがアメリカであろう、溶けてまざってできた無性格の台も、表のモザイクの一片も含めて――もちろんそれですべてとはいえまいが。

面白いことに、融解混合部と分離部のような分かれ方は、文化の基礎的な部分すなわち食物系にまで表われる。日本食品会社《ジャパン・フード・コーポレーション》の杉原さんから、この点でも非常に面白い話をうかがったが、それは「鯨の追跡」（七章）にゆずる。

もちろん、モザイク派への無視も批判もある。黒人地位向上協会のバウハウス氏に、若い屈託のない黒人とは何かが違うと感じていた違和感も、氏が「アメリカ」を標識として掲げる典型的なルツボ派で、アメリカ体制の中に黒人を組み込み溶かしこむ、という意識があまりに強烈だったからであろう。「黒は美しい《ブラック・イズ・ビューティー》」は、元来は黒人モザイク派の標語だが、氏のようなルツボ派黒人は、この行き方の行きすぎにある種の危惧をもち、したがってその存在に触れない。またある二世は私に苦々しい口調で「黒人にかぶれて『黒は美しい』のまねごとをするモザイク派など……」という言い方もした。日系人は黒人とは立場が違い、もっと弱いという。こういう意見があることも否定できない。

アメリカ人を意識させない日系アメリカ人

後述するが、時々アメリカを動きまわる気味悪い「デーモン」のことを思えば、大正二世がその苦しい体験から得た面も無視はできないと、私は思うし、その兆候は決して皆無ではないのだが――しかし、黒人がアメリカ・モザイクの中で「黒」として自らを位置づけるという意識も、日系の自己の文化的位置づけも、その向上とともにますます強くなるであろう。

だが、前記の二世の言葉とは違って、この点では、日系の方が数歩先んじていると思った。というのは日系市民協会会長の杉山さんは、いわゆるルツボ派ではないからである。私は氏を「無意識のモザイク派」と勝手に規定し、こういう人がつまり「アメリカ人」なのだな、と思った。氏は昭和一ケタ二世であり、終戦の年に士官学校に入った本職軍人、退役の陸軍中佐である。「杉山さんは陸軍に残ればよかったのに。きっと日系最初の将官になったに違いないのに」と惜しがる日系人も多かった。「いや、大佐が限度でしょう」と、氏は笑っておられたが、日系人の評価がおそらく正しいと思われる、指導者《リーダー》の資格を一〇〇%備えた人だった。

氏は自ら退役すると、大学に行った。そしてそれまでの生涯は、朝鮮戦争、ドイツ駐留、ベトナム戦争と、ほぼ戦場でおくった。私が軍隊から解放されたとき、氏は軍隊に入ったわけである。氏と行なった日米両軍の比較は、同時に「戦場という極限状態における両国民の行動様式の比較」でもあって、大変に面白かった。

氏は、歩兵・戦車・情報の三科を戦場で体験し、人種混合部隊であるアメリカ軍を英語で的確に指揮し、指揮官の真価と部下の心服度が問われる苦しい撤退作戦も経験している。それはアメリカ人の人心を掌握していなければできないことで、それができる者はアメリカ人しかいない。

そしてどこから見ても典型的なこのアメリカの古兵《ベテラン》は、実に立派で正確な日本語を話し、堂々と、きわめて日本的に振る舞った。氏よりも、最近の日本の青年の方が、標識的には「一見アメリカ風」である。そして氏のどこを探しても「オレはアメリカ人だ、オレはアメリカ人だ」と自らに意識させている要素はなかった。それが文字通りに皆無であって不思議ではない。氏は星条旗に忠誠を誓って身を敵弾にさらし、白人にも黒人にも命令を下して死地に突入させえた人なのだから――。

その杉山さんが、次のように自己紹介された。

「私は、仏教徒で最初の、日系市民協会会長です」

挨拶につづいて私はたずねた。

「日系市民協会では、天皇奉祝に、どのような行事をなさるのですか」

「支部支部で、それぞれのプランはありますが、日系市民協会そのものと致しましては、何もいたしません」

ああ、これが典型的なアメリカ的行き方なのだな、と私は感じた。故国への文化的アプローチは、あくまで宗教的接触という形で行ない、政治的乃至《ないし》は政治的と見られるアプローチは、公的には一切行なわない。そして氏は、きわめて自然に、当然のこととしてそれを行ない、それを口にしている。

アメリカとインドの相似点

杉山さんは日本を仏教国と規定していた。お茶もお花も、杉山さんにとっては、そしてまた多くの三世にとっては、仏教文化なのである。したがってアメリカというモザイク台の上における自己の文化的位置は、宗教的文化すなわち仏教徒という形になり、「父」の権威である文化の継承は、宗教という形をとり、それを子に継承さすことを、強い誇りと一種の権威で行なっている。

杉山さんの御子息は、ドイツ系ユダヤ人の女性と結婚されたが、「その式は全部、仏式でやりました」と氏はいわれた。そしてそれは氏にとって当然のことであり、またアメリカ人にとって、当然のことであった。アメリカ人のもつ一種独特の宗教性を「ピューリタンの国だから……」と考えるのはおそらく間違いであり、そこで、ピューリタンの〝標識〟を掲げる者は、逆に非アメリカ的、杉山さんのような行き方がアメリカなのである。

ワシントンに、各国の大使館がずらりと並んでいるので、俗に「大使館通り」といわれている道がある。この隣の道が「第十七通り」だが、そこには、各宗各派の教会が、プロテスタント諸派、カトリック、ユダヤ教、イスラムセンター等々から何やら新興宗教まで、大使館通りの大使館より数多く並んでいる。私はその道を勝手に「教会通り」と名づけた。そしてそれらは、アメリカを構成する各人の、故国への文化的接触の場として、また一種のロビイストとして、大使館通りの隣にあるのが当然と思われた。

そしてアメリカに異国情趣《エキゾチシズム》を感ずるのは、あらゆる宗派のあらゆる建築様式がモザイクのように組みあわされてかもし出す、この通りの、一種異様な雰囲気なのである。そしてここを車で数回徐行し、何がゆえにこれだけ数多くの宗教建築が混然・雑然と並びかつ人びとがこれを支えているかと思うとき、この国は、インドの如く遠い遠い多神教の異国に見えてくる。

アメリカはインドではないのか？　インドと対比したら案外アメリカがわかるのではないか。これは出発前から私の抱いていた妄想なのだが、私はこの妄想の実否を確かめるべく、国務省のインド担当《デスク》のバジル・ブラウン氏をたずねた。

第五章 「空間的思考」と「歴史的思考」

——なぜ、日本とアメリカの議論はかみ合わないのか

天皇と東条元首相との関係

前に記したユダヤ人と日本人の夫婦、S氏とA子さんを訪ねたときのことである。警備厳重なマンションの十階にある、豪華な客間のソファの前で型の如く挨拶をすますと、私は、天皇に対するアメリカ人の反応をS氏にたずねた。氏はきわめて無造作に「アメリカ人は、天皇《エンペラー》を歓迎する」と言ったが、奇妙に「天皇」にアクセントをおいたその言い方は、何となく「天皇なら」といったニュアンスを感じさせた。

もっとも、この感じはこのときがはじめてではない。「われわれは天皇を立憲君主と理解しているから歓迎する」とブルックリンの黒人小学校の先生に言われたし、グッゲンハイム美術館で会ったデンマーク人の二人の技師には「アメリカ人は、天皇を、伝統的な（デンマーク的な?）立憲君主と理解しているから、天皇なら歓迎するであろう」ともいわれた。

これだけ言われても、私が健忘症なのか、全日本人が私同様に健忘症なのかそれはわからないが、少なくとも私には、まだ、相手の言葉の真意がつかめないのである。

そしてこの客間で、前言につづいてS氏から「アメリカ人が憎む名は、戦争中からトウジョーであってヒロヒトではなかったから……」といわれて、はじめてアッと気がついた。

彼らは今まで、私に「天皇なら歓迎する、トウジョーなら歓迎しない」と言っていたのに、私にはそれが受けとれなかったわけである。なぜであろう。トウジョーは、われわれにとってはすでに念頭にない名である。しかし彼らにとっては「ヒトラー、ムッソリーニ、トウジョー」という連句のような形で今なお、憶えられている名であった。そしてそれが、天皇訪米とともに彼らの脳裏に浮かんでも、思いなおしてみれば、当然すぎるほど当然のことであった。

もっとも後にサンフランシスコで、評論家のラモット氏にこの話をしたところ、氏は、多くのアメリカ人はすでに忘れているが、戦争中は「ヒトラー、ムッソリーニ、ヒロヒト」であり、このヒロヒトがトウジョーにかわったのは、昭和二十二年（一九四七）からで、そこには意識的とも思えるマスコミの誘導があったと言った。

したがって「戦争中から……」というS氏の言葉は必ずしも事実ではないが、ラモット氏によると「ほとんどのアメリカ人が、今ではそう思い込んでいるでしょう」ということであった。

ヒトラー、ムッソリーニの名は、われわれも忘れているわけではないから、第二次大戦における最も頑強な敵の指導者の名として彼らが「トウジョー」を憶えていたとて、不思議ではない。ましてその上役の天皇の訪米において、トウジョーの名が想起されるのが当然という意識のなかったこちらの方が、異常かもしれぬ。だが、不思議なのはどう内心をさぐっても、私の心の中でも、東条元首相と天皇訪米は結びついていなかった。なぜか？

「日本人が憎むアメリカ人の名は」

だが、それがなぜかを思いめぐらすひまもなく、S氏の口からごく自然に出てきた思いもよらぬ質問に、私は、そのことさえ忘れて、一瞬茫然として絶句した。氏は、きわめてあたりまえの調子で次のように言った。

「アメリカ人は、トウジョーの名を憎む。では日本人が憎むアメリカ人の名は何か？ローズヴェルトか？」

えっ、ローズヴェルト？　私がローズヴェルトを憎んでいるかって？　それはどういうことなのか？

一体、ローズヴェルトを個人的に憎んでいる日本人がいるであろうか？

「こうなんでございますのよ」。A子さんが、取りなすように口をはさんだ。

「こうなりますと、私にも、主人のことがわからなくなってしまうんですの。私たち別にローズヴェルトを憎んでなんておりませんわネー」

私は慌てて自分の内心を検討し、「ええ」と答えた。憎むも憎まないも、トウジョーもローズヴェルトも、消えてしまった名である。

「ところがそう申しますとね。今度は主人の方が、そういう心情は全く理解できないと申しますんですの。『天皇』で、どうしてその名が連想されないのか、憎まないとはどういう心情なのか、主人に説明していただけません？」

「こりゃ、とんだことになった」。私は内心で呟《つぶや》いた。天皇とともにローズヴェルトへの憎しみが想起されれば、その憎しみを意識的に捨てるという形で「和解」が成り立つ、というのが彼らの考え方だろうが、さて、こちらの心情となると、それの説明どころか、まず、虚を突かれてヘドモドしている自分の「心理的立てなおし」を図らねばば、何の考えもまとまらない。「弱ったねえ、こりゃ、どうやって切り抜けるか?」。

だが幸い A子さんが、私の困惑を察知してくれたのか、それとも御婦人連は元来そういう話よりも美味と美装に関心があるためか、まずお鮨《すし》屋に行き、大西洋のトロでもつまみながら、「ゆっくりお話しになったら……」ということになった。私はホッとした。ところがホッとすると「いたずらっ気」が出て、今度はS氏の方をギョッとさせてやろうという気になった。

レディー・ファーストで、御婦人連は先に立つ。数歩おくれて私とS氏は、エレベーターの方に歩き出した。私は言った。

「ローズヴェルトを憎んでいる日本人はいない、しかし天皇《エンペラー》ヒロヒトを憎んでいる日本人はいるであろう」と。

その瞬間、氏は足をとめた。そして両肘《ひじ》をちょっとまげ、手の指をカッと開いて腹部の前に出し、目をむいて私を見た。そしてその何やら異様ともいえる驚愕の雰囲気は、数歩前を歩く御婦人連にも通じたらしく、反射的にこちらを振り向いた。

氏は一言「なぜ!」と言った。「それはお鮨屋で……」。私は予《あらかじ》め用意をしていた返事をした。相手をおどかすと、こちらが心理的余裕を回復する。だが本音を吐けば、氏の疑問に答えうる何の解答も私はもっていなかった。時々日本人は外国人に対して「ただ黙ってうなずくだけだ」とか「意味不明の笑いを浮かべるだけで明確な返事をしない」などと批判がましくいう人がいるが、ではそういう人は、この種の質問に、相手を納得させうるどのような解答をもっているのだろうか。

虚勢の「おどかし」は実質的には意味不明のスマイルと変わりはない。だが私には、国務省インド担当官《デスク》のバジル・ブラウン氏との討論、「アメリカ人ヒンズー教徒説?」を持ち出して氏と討論をすれば、何かの結論が出てくるかもしれぬといった、あわい希望はあった——何しろ相手は「いわく言いがたし」の通じない人種だから始末が悪いが……。

私が用意した三つの質問

「鮨幸」というのれんをくぐった。S氏夫婦は常連らしく、景気よく迎えられたが、S氏は鮨は食べない。しかしこれは、氏にとっては、宗教的戒律よりもむしろ嗜好の問題らしく、トンカツを取り寄せると、禁じられた豚肉を、悠々と食べはじめた。

私が大西洋のはまぐりとやらをつまんでいると、氏はトンカツを半分ぐらい平らげたところで、また「なぜ」とはじめた。そこで私は、「まずこちらから質問したい」といって、氏に、次の三つの質問をした。これは、私が会ったほとんどすべてのアメリカ人に、人種を問わず、知識人・非知識人を問わず、「天皇への反応」とともにきいた質問である。

それは(一)あなたは歴史的必然を信ずるか? 簡単にいえば資本主義社会は必然的に社会主義・共産主義社会に移行すると信ずるか? (二)そう信じている知人がいるか? いれば紹介してほしい。(三)そう信じているアメリカ人がどこかにいると思うか? の三問である。この三問への答えは、結局全員が全質問に対して「ノオ」であった。

そしてある者は、S氏の質問をうけたときの私以上にあっけにとられた顔をし、『タイム』誌のシェクター記者などは、「ロシア人ですら今では内心では信じていないのに（これはソルジェニーツィンも指摘している）、そんなばかげたことを、本気で信じているようなアホなアメリカ人がいるわけないだろ」といった甚《はなは》だ嘲笑的な態度でこれに答え、また〝アカ〟〝共産党員〟と一部のアメリカ人から言われているライネッケ氏の静かな答えも、落ちついた明晰な全質問への否定であった。

だがこういう場合、常に私が困惑したのは、「では日本人は？」という反問であり、またそれに関連するまことに実際的《プラクティカル》な質問であった――。

それは「そう信じているならこうするはずだし、そう信じていないならこう言うはずだ」という形のきわめて明確な指摘なのである。これを徹底してやられると甚だ始末が悪く、どちらが取材しているのかわからなくなる。

そしてさらに困るのは、知日家の間髪《かんはつ》入れぬ〝反対尋問〟である。たとえば「アメリカではなぜ銃器規制《ガン・コントロール》ができないのか」ときくと「日本の武士は〝刀は武士の魂〟と言いながら、廃刀令が出ると一夜でその魂を捨てた。なぜそれが可能だったのか、銃器規制の参考にまずそれを説明してくれ」などといわれると、こちらがつまってしまう。

そこで私は、そういう反問をしないで、ただ答えるだけにしてくれとS氏に言ったうえで、上記の三つの質問をした。そして氏の答えもやはり、すべてに対して「ノオ」であった。そこで私は、ブラウン氏の見解も含めて「アメリカ人ヒンズー教徒説」を一席ぶった。

アメリカとは空間的規定である

アメリカとは空間しかない国、同時に「空間的思考」しかない国である。アメリカ人は、アメリカという空間に存在するものはアメリカのものだと信じ、アメリカという空間で生まれた者はアメリカ人だと規定している。

したがって「在《あ》るもの」また「生まれた者」が、どのような文化的伝承の下にあるかは一切問わないで「アメリカ」とするのが、その原則である。そうでなければ「アメリカ・モザイク論」などは成り立ち得ないし、ルツボ派だって存在し得ない。ルツボ内とはやはり、アメリカという空間だからである。

アメリカ人がなぜこういう考え方をするのか。理由の一半は、二百年以前には歴史が存在しないという人工的創設に由来すると思われる。二百年前（本書執筆年の一九七五年から起算）とは日本でいえば上田秋成の『雨月物語』が刊行される（一七七六）前年、パリ条約（英国の独立承認）は独立宣言の七年後、日本では大槻玄沢《おおつきげんたく》の『蘭学階梯《らんがくかいてい》』が完成された年、松平定信が登用される五年前である。日本の歴史が、もしここでプツンと切れて、それ以前が空白であったら日本人の意識は今と全く違ったものになり、その自己規定も空間的にならざるを得なかったかもしれぬ。

もちろん、原因はそれだけではない。見方によっては、以上のことは、歴史を断ち切ることによって西欧の古典的文化の一面が強烈に表に出た結果にすぎないともいえる。前述のギブニー氏は、J・S・ミルからジェファーソンへの系譜を「新約聖書的」、マルクス、エンゲルス、レーニンの系譜を「旧約聖書的」という面白い分類の仕方をしているが、これはインド・アリアン的とヘブライ的、または「論理的・空間的把握」と「歴史的・時間的把握」という分け方をしてもよいかもしれない。

「アメリカとは空間的規定であり、アメリカ人は、アメリカという空間にあるものはアメリカのものだと考えていると私は思うが、あなたはこの考え方を認めるか。簡単にいえば、ワシントンの十七通りにあるユダヤ教の会堂もイスラムセンターもともにアメリカのものだと考えるかということだが……」

と私はS氏に言った。

「もちろんそれは認める。そう考えるのは当然のことだ」

「ではうかがいたい。あなたはイスラエル国という空間にあるものはすべてイスラエルだ、と認めうるか」

「ノオ」。そうであろう。そのはずだ。エルサレムのオマールのモスク（イスラム教寺院）を、これもイスラエルのものだと言えるユダヤ人はいるはずがない。ではなぜアメリカなら、ユダヤ教会堂もイスラムセンターもアメリカのものだと考えうるのか？理由は言うまでもなくアメリカとは空間的規定であって歴史的伝承的規定でなく、その空間の中で、それぞれが民族の伝承的時間をそれぞれに生きることができるからであろう。

アメリカ人とインド人との共通項

　これがいわばモザイク派の考え方だが、この考え方は「アメリカとは、アメリカという空間が消失したらなくなってしまうこと」を示している。だがユダヤ人はそうではあるまい。国という空間を喪失しても、自己の伝承的時間の延長線上に生きることによって、国という空間なしで二千年存続してきたのだから――。アメリカにこういうことは起こりえない。

「それはその通りだが、それがインドとどういう関係があるのか」

「インド人もアメリカ人と同じ考え方をする」といって私は、前に森本哲郎氏から聞いた話の受け売りをした。氏がインド人の友人に、インドの代表的なものを見せてくれと言ったところ、まず案内されたのがボンベイのインド門であった。これはイギリス王エドワード五世が来たときの記念碑で、インド植民地化の象徴、独立とともに破壊されても不思議でない記念碑である。

　日本人ならこういうものは故意にでも忘失してしまうであろう。というのはマッカーサーの記念碑がどこかにあるはずだが、それを日本の代表的建造物として案内する者はいるまい。次に案内されたのがアジャンダの仏蹟。しかし仏教はもうインドにはない。これはユダヤ人がパレスチナのキリスト教の遺蹟を、自分たちの代表的記念物だといって見せに行くようなものだ。

第三番が有名なタジ・マハールだが、これは外来のイスラム教の建築、パレスチナのオマールのモスクに比すべきものであろう。そういったものを、次々と「インドのもの」として案内していく。森本氏は少々あきれて、「これはみんなインドのものではないではないか」というと、インド人の友人は笑って「インドにあるから、インドのものだ」と言ったという。

すなわちこの把握の仕方は、インドという空間にあるものはインドのもの、という考え方、そしてそういう考え方をするのがインドであって、これもまさしくアメリカ的であり、ある意味ではローマ的である。インド人は、世界で最も緻密な論理学と数字を生み出し、ゼロは発見しても、自己への歴史的把握はしておらず、これもまことにアメリカ的だが、大きく見れば両者に共通するインド・アリアン文化の一面を示しているといえるであろう。

アメリカ人は自らを、空間的・論理的・組織的に把握しても、歴史的・時間的には把握していない。アメリカという空間が二千年前のイスラエルのように喪失しても、アメリカという伝承的時間だけを二千年間生きつづけるアメリカ人などは、存在するはずがない。そして歴史という意識がないなら、歴史的必然などという意識があるはずはない。

今日の問題は今日の問題、明日の問題は明日の問題

だが彼らの行き方を調べてみると、このことは、必ずしも将来に向かっての改革がないということではない。彼らは、あらゆる問題を「今日の問題」として空間的に解決しようとする。もちろんその解決はすぐ新しい問題を生み出し、それが「明日の問題」となって未来に申し送られるわけだが、それは、明日が今日になったときにまた空間的に解決するわけである。

これはマルクスの嫌った典型的な改良主義的行き方で、以上のような意味で言うのなら、「病めるアメリカ」に必ず付随する「アメリカに明日はない」「アメリカに未来

はない」といった言葉は、正しいといえるかもしれない。またギブニー氏の「新約聖書的」という言葉を借りるなら、その行き方はまさに、今日の解決は今日を解決すれば十分、「明日は明日自ら思いわずらわん」「一日の苦労は一日にて足れり」の言葉通りの行き方、現在が未来へと結果しても、未来を知悉《ちしつ》しているとうぬぼれて、それで現在を規定することを、人間の分を超えた高慢とする考え方である。

彼らは、歴史的必然を信じ、未来を確定したものと考え、その確定した未来で逆に現在を規定し、その確定未来へと進歩するように現在を改革するという行き方はしない。これは前述のライネッケ氏でも同じで「今日が明日を規定する結果になる」という考え方はしても「明日で今日を規定しよう」とは考えないのである。

そしてこういう状態をもし混迷というなら、彼らは建国以来一貫して「混迷」をつづけても、打って一丸となり、一つの大理想目がけて突進することはなかった。と同時に、確定した未来を信じてつっぱしり、それで自己を決定的に破滅さすような事件もなかった。おそらく、今後もないであろう。これがインド的・アメリカ的行き方であり、いわゆる「進歩的」という概念がないという意味では、永遠の「停滞社会」すなわち空間的社会である。

「いや、それはそれでわかった。だがそのことが、日本人がローズヴェルトを憎まないこと、そして天皇を憎むことと、どういう関係にあるのだ。否、その前に日本とは一体全体どちらの国なのだ、インド的なのか？　それともイスラエル的なのか？」、S氏は待ちかねたように言った。

日本はイスラエル的か、インド的か

有名な黒人運動家、故マルチン・ルーサー・キング師に『汝の敵を愛せ』という新約聖書からの引用句を表題にした本がある。この句は元来、クムラン文書（二千百年ぐらい前のユダヤ教文書）等の、「神の敵を憎め」といった憎敵思想のアンチ・テーゼであったろうといわれるが、「愛」とか「憎」とかいう概念が非常に鮮明で、またそれを明確に表示し、かつ持続する民族の心情は、「昨日の敵は今日の友」でくるりと変わりうるわれわれには、非常にわかりにくい。

こういう人びとの中で「汝の敵を愛せ」という標語を掲げることは、二千年の昔も現代も、われわれには想像のつかない大変なことであろう。

「天皇を憎んでいる日本人はいる……」などと言ったが、そう思える人の感情が、彼らのいう「憎」と同じとは思えないし、また思えないがゆえに、「天皇は敵だから愛する」といった、キング師のような日本人がいるとも思えない。また明治以降の日本の「歴史的」という意識は、歴史的に自分より進んでいると見た国へ追いつくこと、すなわち先進国の歴史を自己の未来への過程として見ている意識で、見えない未来を「必然」と信じてきたわけでもない。

だからそれらを彼に、どう説明してよいかわからない。屁理屈を並べて彼を説き伏せるより、あいまいな微笑を浮かべて返事をしない方が、はるかに公正《フェア》かもしれぬ。

だがもうひっこみはつかない。

「いや、すでに答えたと思うのだが――さらに具体的に説明すれば、日本は大体、イスラエル的とインド的の中間をふらふらとしていると考えてもらってもよいし、全く別だと考えてもらってもよい。アメリカ人は、アメリカという空間に天皇が現われれば、戦争のときの天皇と同一の空間にあったローズヴェルトを想起し、両者を同一空間において、互いに憎悪しあったこの二つの敵がここで和解をするのだ、ということになるのかもしれぬ。そうなら当然、和解の相手すなわちそれまでの憎悪の対象はだれか、という質問が出るであろう。だが日本人は、そういう考え方はしないのだ」

「では、どういう考え方をするのか」

「美濃部《みのべ》という東京都の知事が、非常に面白いことをいった。すなわち『天から声が来た』『今までの美濃部は死んだ』『新しい美濃部が生まれた』と。これはインドに由来する輪廻転生《りんねてんしょう》思想の変形だと私は理解しているが、転生すれば、それまでの言動に対する責任は一切なくなる。別の人間が生まれたのだから。――日本人は全員、敗戦のとき天から声がして、それまでの日本人は死んで、新しい日本人が生まれた、いわば全員が転生したのだ。転生したものがローズヴェルトへの憎しみなど、もつはずはない」

私が言ったことは、簡単に要約すれば、「今日からは生まれかわって真人間になります」で、すべてがすむ社会の意味である。

「ではどうして天皇を憎むのか」

「いや、彼だけは転生できなかったのだ。彼だけは、戦前からずっと引きつづいて生きている。一方トウジョーは本当に死んでしまった。死んだ者は日本ではすべてブッダの化身なのだ。だから、彼のことを憶えている者は、もういないと私は思う」

日本人デザイナーに共通した欠陥

S氏は明らかに私の返事に満足していなかった。しかしそれ以上質問をつづけようとはしなかった。二人の間は何となく白けた。それに気づいたのか、カウンターで新しいファッションについて話していたA子さんが席を移してきた。

A子さんは、ニューヨークにやってきた多くの若いファッションデザイナーたちが、次々に脱落して消えていった話をした。成功者の陰に多数の失敗者がいるのは不思議ではないが、その人たちに共通した欠陥は、構成《コンストラクション》という意識が皆無だったことだというA子さんの指摘には考えさせられた。

「若い方は、本当にいいアイデアをお持ちなんです。しかし、アイデアは浮かぶもので、それを浮かべるのが仕事ではございませんでしょう。アイデアを構成《コンストラクト》するのが仕事でございますわね。一つのアイデアを製品として構成するにはどうしたらよいか、それが生みの苦しみで、その間のあらゆる障害を排除することが仕事でございましょう。それが全然、理解できず、アイデアをもっているから自分はデザイナーだと思い込んでいる方がございましてね。これ、戦後教育の欠陥じゃないかと思いますんですけど……」

「構成という意識の皆無なことは、私にもわかります。編集志望者にもいますから。ま、『子供の可能性を引き出す』といった形の〝新アイデア浮かばせ教育〟の結果かもしれませんけど、しかし基本的には、明治以来の日本は、外国ですでに構成されたものを輸入して、それですませてきたからでしょう。そりゃ、政治・経済・教育等の形態から工場設備やファッション、さらに学説やイデオロギーまで、みな構成されたものの輸入ですませてきたのですから。

一つの理念《アイデア》をどのようにして構成《コンストラクション》に移すかといった問題意識は当然に皆無ですね。必要なかったんですから。その結果今でも、創造的であるべき野党でも学生運動でも、市民運動でも同じように、構成の意識はありませんよ。みな新しいアイデアはあるんですが……」

「でもアメリカにお出《い》でになるんでしたら、それではどうにもなりませんわ。この国は何しろ、新しいアイデアを構成に移すことだけでやってきた国なんですから……」

「なるほど、ご主人はきっと、私の返事にご不満でしたよ」

「なぜですの」

「私は自分の考え方を、頭の中ではっきりと構成して、それをお話ししたわけじゃないですからね。ま、アイデアはありましたけど。こういう場合、その人間が明確な思想や判断をもっているとは考えないのが、アメリカ人でしょ」

「そうですわネ」

ははあ、これでは、日本思想を構成して世界に〝売り出し〟、相手に「日本人」なるものを理解させうるのは、まだまだ先の話だ、当分「意味不明のスマイル」だなと私は思った。

第六章

法規《ルール》絶対社会・アメリカの怖さ

――日本人が痛い目にあう根本的勘違いとは

アメリカに全国紙が存在しない理由

「アメリカにはなぜ全国紙が存在しないのですか」。この質問に対するビル・細川氏（『デンバー・ポスト』編集長）の返事はきわめて簡単明瞭であった。「広いからです」と。もちろん、つづく氏の説明で「広い」の意味が実に複雑なことを知ったが、この説明と他の多くの新聞人の意見を総合すると、次のような結論になる。

まず第一に字義通りに「広く」、各州の生活実感が違い、法も慣習も違うことである。

「ニューヨークのアパートで、隣人の顔も名も知らずに生活している人間を対象にした新聞を、ワイオミング州の人間が読むはずはありません。この州は、面積は日本とほぼ同じですが、人口はわずか三十万、確か家畜の方が数が多いはずです。こういう州の人間はニューヨークにとっては外国人と考えた方がいいのです。またラスベガスでうける編集方針は、ソルトレーク市（峻厳なモルモン教徒の町）ではボイコットの対象になるでしょう」

「いや、〝広い〟というより、〝ダダッピロイ〟んですな、この国は。つまりヘソがないんです。日本には中央・地方という意識がありますな。『都へ上る』『地方へ下る』『都落ち』といった意識。したがって自治といったって中央統治に対する地方自治でしょう。アメリカ人には地方自治という意識はないですよ。オレが中心ですから。そりゃ、中央に背を向けていると言う日本人もいるでしょうが、これも中央という意識があってのこと。アメリカは背を向ける中央がないですわ。日本の中央指向は平安時代からの伝統なんでしょうね。ワシントンの市長は黒人ですが、これに革新都知事のような意義を見つけるアメリカ人はいませんな。日本の全国紙とはつまるところ、全日本人の中央指向に乗った中央紙でしょ。中央という意識のない国には全国紙すなわち中央紙はできませんよ」

これは私も体験した。日本で見ていると、ニューヨークとワシントンは何となくアメリカの「中央」のように見え、『ニューヨーク・タイムス』と『ワシントン・ポスト』は一種の中央紙であるかのような錯覚を抱く。

確かにニューヨークっ子は、『ニューヨーク・タイムス』以外の新聞は紙屑であるかのように言う。しかしデンバーで『ニューヨーク・タイムス』の話をすると「フン、『ニューヨーク・タイムス』にそう書いてあるなら、そりゃ嘘にきまっている」といったような返事さえかえってくる。
またニューヨークと対比して何かを質問すると「ニューヨークとラスベガスとホノルルは日本人観光客の方がくわしいでしょう。そういうことはその方々におききになったらいかがですか」とか「ニューヨーク、あ、ありゃ〝猜疑の町〟です（これは細川氏も言われた）。何しろ伝統的なヨーロッパからの移民の受け入れ港でしたからね……」。

と、まるでニューヨークはアメリカではないかのように、アメリカでもせいぜい玄関か待合室だ、といった言い方も出てくる。さらに「ニューヨークは破産しそうだそうで……」といえば「東部の連中は口先だけで、実行力がないから……」とまことに素っ気なく、日本人の方が同情的なぐらいであって、「中央」と認めるどころではない。いや、ニューヨークやパリは、日本人の方が、何らかの形で中央視しているのかもしれぬ。

アメリカの「世論」は、どうすれば調べられるか

「いや、ヘソがないというより、アメリカ人はみんな自分こそヘソだと思っているんです。これが個別主義《インディビデュアリズム》でしょう。だから、『オレ様』を中心に編集していない新聞なぞ読むもんか、なんですよ」。この「オレ様」を中心にした編集というのが、中央指向の日本では非常にわかりにくいが、説明をきくと、次のようなことなのである。

たとえば、「スト権スト」についての報道があるとする。このストの最中にも、北陸のどこかで列車が動いたという。こういう場合、そこの新聞は「ストなし、列車は動く」とまずトップで報ずるわけである。いわば「オレ様が乗る汽車が明日動くか動かないか」が最大の問題で、三木首相がああ言ったの、国労委員長がこう言ったの、北陸以外では動いているのいないの、といった種類のことは、汽車に乗ってから読めばよい、そんなことはトップに来る必要はない――一言でいえばそういう感覚である。そのため外部のものや旅行者にとってはきわめて変な新聞なのだが、それを言えば、お前に読んでもらうために編集しているんじゃない、というであろう。

これでは中央紙＝全国紙は出来ない。したがって新聞の数は実に多い。ワシントン

で調べてもらったところ千四百三十紙だといわれたが、細川氏によるとこの統計は少し古く、今では千七百紙のはず。さらにふえるであろうという。さてこうなると、「天皇へのアメリカ人の反応」を新聞を通じて調べようと思っても、容易ではない。現在までに名の通った〝大新聞〟約二百五十紙を調べたが、これでもアメリカの総人口の二割強しかカバーしていない。さらにその新聞記事にアメリカの個々人がどう反応したかとなると、これはもう、百人百様なんだろうなと思う以外にない。

これでは「統一的・全国的・中央指向的世論」なるものが非常にわかりにくいし、そういうものがあるのかどうかも疑問である。「どうやって調べればいいですかなあ。アメリカも二大政党の国だから、政党で見ていくとわかりますか？　政党と新聞はどういう関係にありますか？　ヨーロッパには政党の機関紙がありますが……」。

「アメリカには政党はありません」。日系市民協会会長の杉山さんのこの言葉には、私は少々驚いた。

「いや、外国のような全国的な継続的組織としての政党はない、という意味です。アメリカでは、大統領選挙前に臨時に全国的政党ができて、大統領選挙が終われば解散して、各州・各人ばらばらになってしまう、と考えて下さった方が実情に近いと思います」ということである。

〝入ってきた人間の国〟ならではの発想

では一体アメリカとは何なのか。アメリカという形で統一された「伝統なき空間的モザイク」が、組織として機能するように構成している枠組みは何なのか。「憲法です、そしてそれに基づく法規《ルール》です。アメリカとはそれだけの国で、それ以外には何もありません」。これは、細川氏と話している所に入ってきた『デンバー・ポスト』の論説主幹の言葉である。氏の言葉をきいていると、「法的規制以外にアメリカ人を規制するものはないし、あってはならない」というふうにも聞こえる。

その通りかもしれぬ。否応なしにモザイク型に多様化した文化が併存するなら、文化的統合とか伝統的・慣習的規制とかは許されず、ましてや文化の中心である中央への指向で統合するわけにもいかず、「明記された法」という枠組み以外のことでは、各人は勝手たるべしと言う以外にない。ところが各人勝手といえば、「法の間隙をうめるため」、各人勝手に法とか規約とか規則とか相互契約とかをつくり、その構成員とその当事者はそのルールを守るという以外に、統合の方法はなくなる。

そこでアメリカとは「法だらけ」の国で、「石を投げたら弁護士《ロイヤー》にあたる」という形になる。

まず合衆国憲法にはじまり、州憲法、州法、市法、町法、村法から、私的な法、いわば博物館法、店内法、家法とでも言うべきものまで、各人が勝手に制定しているという感じである。そして法がそれより〝上級〟の法と衝突すれば、弁護士のお出ましとなるわけであろう。

「何かといえばすぐ弁護士、こんなに法だらけではきゅうくつでたまらんでしょう」

「いや、アメリカにはスペースがありますからネ、その州の州法がいやなら、気に入った州法の州へ行け、ということですな。端的にいえば、ばくちをやりたくなったらネバダ州へ行け、死刑反対なら死刑のない州へ行け、禁酒州にいたいなら酒をのむな、ということなんです」

とNさんは言った。

「じゃ、全部いやだったらどうすればいいんですか」

「そんならアメリカから出てけ、でしょうネ。ここは何しろ、〝入ってきた人間の国〟ですから、いやなら〝出てほかへいけ〟という発想が絶えずあるんです。これは町にも、村にも、店にもあります」

この点、日本人のように先祖代々〝大和島根〟に根づいている国民とはわけが違うらしい。

またそうならざるを得ないであろう。たとえばメノナイト派の村に入ってきて、「おれは、メノナイト式生活はいやだ」と言えば、「そんなら出て行け。自分の気にいった村へ行け」ということになる。そしてこれは店でも変わりはない。

いわば、ここはオレの店だ、オレの店に入ってくるなら、オレ様の定めた店内の法規《ルール》に従え、いやなら出てほかへいけ、であって「お客様は神様」ではない。

「禁煙」の店で煙草を吸うとどうなるか

このことを最初に知らされたのは、ワシントンでNさんとコーヒーハウスに入ったときであった。見ればカウンターの上に「禁煙」と書いてある。店主の定めた店内法規であろう。私は内心甚だ不愉快であった。

というのは、それは、国務省での討論のあと、コラムニストのコノー氏に会いに行く途中で、簡単にいえばコーヒーを飲んで一服したいから入ったのである。喫茶店に入って、「禁煙」とやられては、欲求不満がつのり、余計にタバコが吸いたくなる。

「禁煙をやぶったら、どうなります」「つまみ出されるかもしれませんな」と言ってNさんは、南部の禁煙バーでの体験を話してくれた。禁煙バーとか禁煙コーヒーハウスとかは、アメリカでは少々流行らしい。そういうバーに入って、Nさんがカウンターで喉をうるおしていると、町のオニイちゃんといった風体の二人づれが入ってきて、禁煙を無視してタバコに火をつけた。

その瞬間、店主が、ものすごい見幕で、「タバコが吸いたきゃほかの店へ行け。オレの店に入るのならオレの店のルールに従え。いやなら出て行けッ」と怒鳴った。

「アメリカ人が拳銃をつきつけるのは、ああいう時なんですよ。二人はすぐ出て行きましたから、それですみましたけれど……」ということであった。

このときは時間の余裕がなかったので、〝店法〟に従ったが、私はそのとき、滞米中に一度はこういった〝法〟を破ってトラブルを起こし、彼らの反応を調べてみようと決心した。

ビル・細川氏とわかれ、『デンバー・ポスト』の社屋を出たところが、有名な「インディアン・サマー」で、十月というのに恐ろしい暑さ、しかも湿度はゼロに近く、ギラギラと照りつける紫外線は、目があけていられないほど強い。このときはつくづく東京のスモッグが恋しくなり、私は陽光に耐えかねて、コーヒーハウスにとびこんだ。

コーヒーハウスというと聞こえがよいが、ま、場末のラーメン屋と言った方がそれらしい。外部とは打って変わってうす暗く、相当によごれ、テーブルも椅子もくたびれている。ところが、そのカウンターの上を見ると「当店ハ、顧客ニ対シテ、飲食ノ提供ヲ拒否スル権利ヲ留保ス」と麗々しく掲げてある。「やれやれ、こんな店まで

『権利ノ留保』かい」と少々うんざりした。

この種のはり紙は二十数年前には多くの日系人を苦しめ、また人種差別に悪用されるはり紙である。前掲〔103ページ〕の『帰還復興史』には『パシフィック・シチズン』紙の引用として次のような記事がある。

「私と弟のポールは二人でラ・ジュンタに下車した際、食事をとろうとして近くのレストランに入った。……ウエートレスが注文を取りにくるのではないかと待てど、知らんぷりをして一向に注文を取りに来なかった。しびれを切らして、私はポールに出ようではないかと誘ったが、かたくなな弟は頑張るので一時間半……待った」

しかしついにだれも来ず、「空腹をかかえて出た事があった」と。

グッゲンハイム美術館で体験したこと

面白いことに、まさにこの逆の日系大歓迎もあるのだが、その店の店主もおそらくは、どこかほかに対しては「権利ヲ留保」しているのであろう。相手が権利を留保した場合、こちらも黙っておらず、大声で「買う権利」「食う権利」を主張しなければならない。「不思議ですな、一世はそれを堂々とやったのですが、どうも二世は……」という話もきいた。考えてみれば、まことに面倒な国だともいえる。

このコーヒーハウスは、私に対しては「権利ヲ留保」しなかったので、トラブルは起こらなかったが、実はその前にニューヨークで、グッゲンハイム美術館でルールに文句をつけ、危うくつまみ出されそうになったので、私自身も、もう故意に何かを起こしてみようという気はなかった。

グッゲンハイム美術館に入ったとき、私は小さな紙袋を下げていた。中には取材用のノートが入っているだけである。ところが館の半ばをすぎたころ、一人の女性職員につかまった。「規則《ルール》だから、その袋をクロークに預けてこい」とまことに高飛車で横柄な言い方で言う。「それは知らなかった。だから……」「いや、あなたは今、私によって知ったはずである」「確かにそうだが、この紙袋は小さいから、これで絵を持ち出せるわけはあるまい。それなのになぜいけないというのか。理由は?」「館の規則《ルール》である」。彼女は私をつまみ出しそうな見幕である。

だがこの見幕に負けてすごすごとクロークに引き返しては〝日本男子〟の面子にか

かわる。「では、こうすればどうなのだ」といって私は紙袋をノートの大きさに折り、それを小わきにかかえた。「それならばよろしい」。

だがここで黙って引き下がる気にもなれない。私は折った袋をもとへもどして手に下げ、「下げてようと、折りたたんで小わきにはさもうと、持っているという点では同じことではないか。なぜ小わきにはさめばよくて、下げてはいけないのか」「規則《ルール》ですッ」。彼女は柳眉《りゅうび》をつりあげて怒鳴った。これがアメリカ人の法規《ルール》という感覚であろう。

そしてこういう場合は、一瞬前までまことに愛想がよかったホテルのマネジャーまで、判決を言いわたすときの裁判官のような顔と態度になる。ロサンゼルスではアンバサダー・ホテルにとまったが、これはロバート・ケネディが殺されたホテルである。一体どこでどのように殺されたのか探り出そうとしたが、どんな下っ端の従業員でも「知らない」の一点張りで絶対に口を割らない。日本なら「それは言っちゃいけないことになってんですけどネー」といいながら、大体、全員がしゃべってくれる。ところがそうはいかない。おそらく「口にしない」のがルールなのである。

マネジャーなら「知らない」とは言えまいし、アメリカはレディー・ファーストだから、女性なら案外愛想よく話すかもしれない、と思って私はフロントのすぐ近くの椅子にかけ、家内をマネジャーのところに聞きにやらせた。

相手はきわめて愛想よく応対していたが、その件を切り出した瞬間、彼の顔付きも態度も一変し、厳然たる調子で「それは当ホテルの規則で口にしないことになっております」と宣言し、それっきり彫像のようにつっ立って口をきかず、全く、とりつくしまがないのである。彼は「知らない」とは言わなかった。「知っている、しかし、言わないのがルールだから言わない」といったわけである。

「法規《ルール》」と言い出すと問答無用

店内法、館内法、ホテル内法でこの有り様、全くアメリカ人は「それは法規《ルール》だ」と言い出すと、始末の悪い問答無用の人間になる。もっとも多人種モザイク国家にはこれ以外に秩序を保つ方法はないのかもしれぬが、サンフランシスコの市警の交通整理を見たときには、問答無用のその荒っぽさには少々あきれ、つくづくと「日本でこんなことをやったら、大変なことだろうな」と思った。

一言でいえば、ルール違反者に対してはきわめて〝非民主的〟であり、全く〝人間性無視〟の〝物理的規制〟を平然と、無表情でやってのけるのである。

それは、その日の三時ごろだったと思う。千葉県知事、いわゆる殿様知事の故加納久朗氏の弟さん、一世の加納久憲氏（氏については後述する）を都ホテルに訪ねようと、ホテルを出た。すると次の十字路に人だかりがしており、交通はストップで、名物の電車もとまっている。セント・フランシス・ホテルから天皇が出てくるところらしい。こういう交通規制に対して、アメリカ人は少しも文句をいわず、急ぐものは迂回し、暇なものは見物している。

アメリカ人は、権利の主張はうるさいが、「天皇のため交通どめまでして……」といったような、日本的な小姑《こじゅうと》的批判は皆無である。見れば、とまった電車の前の窓に腰を掛けて、カメラをかまえているひま人もいる。警戒は厳重で、上空をヘリがとび、周囲の高いビルの屋上には、ライフルをもっているらしい者が、ジーッと下をにらんでいる。白バイが二台、パトカーが二台、次に何かの車があって、そのうしろの大型車が天皇の車、つづくのが市長の車であろうか。それがホテルの入り口に並んでいる。

群集は歩道に並んで見ている。だが、並んでいると、天皇から遠くなるにつれて天皇の方がよく見えないから、遠い者はつい隣のものより車道へ首を出す結果になる。するとその隣のものは車道へ半歩ほど出る。その隣はさらに出る、何しろ車止めになっているから、ついついみなが車道へと出てしまう——どこの国でもこういう風景は同じことで、結局天皇の行進方向の道路の歩道からは、天皇の車から離れるに従って次第に人が車道へとはみ出してきて、天皇の車のあたりを底辺にした長辺二等辺三角形の人垣ができ、その人垣の頂点は行進方向の車道のまんなかになり、道路をふさいでしまった形になっている。

日本なら「車道へ出ないで下さい」「道をあけて下さーい」と拡声機で怒鳴りつづけるところだろうが、パトカーも警官も平気でこれを放置している。一体この、車道にあふれた群集をどう整理するつもりなのか。

群集すれすれに突っ走る白バイ

天皇が出てきたらしく、ホテルの入り口が少しざわめいている。その瞬間、私は思わずアッと言いそうになった。白バイが二台、走り出した。この二台が、車道に出ている人の列すれすれにダダダダッと走るのである。群集は驚いてダタッと後ずさりする。

二台は一定のところまで行くとUターンをして、またものすごい勢いで、女性のバストすれすれにつっ走る。群集はまたダタッと後ずさりする。警官は全く無表情でこのUターンを数回繰り返し、結局、一言も発さずに、群集を〝物理的〟に歩道に押し上げてしまった。それを見きわめてパトカーが走り出し、ついで天皇の車も動き出し、一行は飛行場の方へ走った。こういうときの警察官の表情は、まるで仮面のように無表情、そしてこれは「法の命ずるところで私の意志ではない」といった態度、文字通りの法の執行吏である。

確かに「車道に出るのはルール違反」であろう。違反と知ってやっているのだから、これを規制するには、何の注意も必要がない、〝物理的〟に規制すればそれでよ

ろしい、というのがおそらく彼らの考え方である。そして不思議なことに（否、アメリカ的感覚では当然なことなのかもしれぬが）、これに対して抗議らしい態度を示したものは、一人もいない。みんなそれがあたりまえ、という顔をしていた。日本なら「権力的」とか「非民主的」とかいった非難の大合唱になるであろう。

だがこういうことは、この国では「個人の生命の安全」のために、必要不可欠のことかもしれない。真珠湾攻撃のパニックのとき、なぜハワイで、日系が手引きしたというデマのもとに日系狩りが起こらなかったのか、多人種国家の中で、関東大震災の朝鮮人殺害のような悲劇がなぜ起こらなかったかを調べてみた。そして何よりも驚いたのがその瞬間における徹底した物理的規制である。外出禁止令と電話使用禁止令ですべての人間を家にとじこめて遮断し、これを群集化させず、デマの電話交換をやらせず、ラジオによる一方的指示のほか一切を断って魔女狩り的騒動を防いでいる。これで見ると、アメリカとはこういう荒っぽい統制以外に、統制の方法がない国という気もする。いわば文化的中央による心理的統制、簡単にいえば天皇制がないのである。

「荒っぽい」と感じたのは、この警察官の行動だけではなかった。ワシントンで、国務省に行く前に、『ワシントン・ポスト』社へ立ち寄ろうとしたとき、ちょうど同社のストに出合った。サイモン編集長に会う約束だったのだが、ピケのために入れない。ところがこのピケが、一見まことにだらしなく、またプラカードを下げている人びとも、全く「やる気」がなさそうで、ピケとは名目だけ、簡単に入れそうに見える。

私は突破する（というほど大げさに考えなかったが）つもりだったのだが、Nさんから「それはおやめになった方が良いと思います。アメリカ人は八百長が全然ない人種ですから……。日本なら〝断固粉砕〟の鉢巻きで気勢をあげていても、本当に粉砕されることはありませんが、アメリカ人は正当な法的権利を侵害されたと感じたときは、何をするかわかりませんから……」といわれた。私はそのときふと、戦場の米兵を思い出した。彼らもまことにデレっとしており、ついついそれを誤断する。これが非常に危ない。「同じことかな」と考えてやめた。

やめてよかったのである。「スタッフの一人がピケを破って外に出ようとし、撲《なぐ》られて相当なケガをした。とても出られそうもないから今日は社に泊まり込む。残念ながらお目にかかれない」と、サイモン編集長から国務省に電話があったのだから……。

八百長的合意が全くないアメリカ

マナジリを決してテンションの極限にあるように見えても、「六〇年安保」の例を持ち出すまでもなく、日本という国は、どこかに八百長的合意がある国だ、だからそのつもりでアメリカで生活していると、とんだことになる、とNさんは言った。

「アメリカは怖いと言いますけど、日本の怖さとは違うんです。私はまだアメリカで〝インネンをつけられた〟という経験はありません。日本なら盛り場でコワイおニイさんから何かいわれたといった経験はだれでもあるでしょうが、どんなスゴ文句を並べたって、どっかで妥協がつくとお互いに思っているし、事実、妥協がつくんです。だがアメリカ人は、そうはいかないんですなあ。だから不意にやられたと錯覚する……。どうもこの点、日本の対米外交も対米世論も危なっかしく見えますなあ。繊維交渉のときも、日本側には、どこかに八百長のつもりがあったと思いますよ」

結局、警察官、労働者、兵士、博物館員、ホテルのマネジャー、店主から町のオニイさんまで共通する行き方は、アメリカそのものの基本的行き方でもあろう。相手がルールに違反して国境というピケを破って真珠湾に突入したと感じた瞬間、今までデレっとしていたように見える人びとが、八百長的妥協なき戦いへと、一斉につっぱしってしまう。

アメリカはこの点確かに怖い国だが、これを〝護持〟しないとアメリカ自身が成り立たなくなるのであろう。そしてその怖さは、Nさんの言う通り、「日本的な怖さ」とは別物である。

だがそのアメリカ人が、逆に、どこかで日本を恐れている(気味悪がっている?)ことは否定できない。『フォーリン・アフェアーズ』誌のバーンズ氏は「いま日米間には何の問題もありません。しかし相手が日本だと、われわれは問題があればあるで、なければないで神経質《ナーバス》にならざるを得ません」と言った。

同じようなことは国務省インド担当《デスク》のブラウン氏も言った。「アメリカとインドの関係は、どんな大問題が発生してもお互いに神経質《ナーバス》にならないのですが――日本はネエー」と。

結局、こちらの八百長的テンションを、向こうは、本気で受けとめ、向こうの本物のテンションはこちらが八百長でうけとめるという妙な関係が常に存在するらしいのである。

第七章　レイシズムとアメリカ人

——捕鯨禁止運動の背後にあるもの

アメリカ人が政敵にはる、おきまりのレッテル

戦後さまざまな米語が日本に流れ込み、あるものは訳語で、またあるものはカタカナ表記で通用している。だがアメリカ人が相当に神経質な態度で使用し、口にするかしないかは別として絶えずその言葉を意識し、どこかで強い影響を受けていると思われる強烈な言葉なのに、全く日本に流入しなかった言葉がある。この言葉は、今後も日本に入ってくることはあるまい――それはレイシズム、およびレイシストである。

人種差別主義（と訳してよいかどうかわからぬが）乃至は人種差別主義者というこの言葉の定義は、現地で確かめてみると非常に不明確で、時には、日本の「ファッショ」同様、政敵にはりつける意味不明のレッテルの標語のようにも見える。したがって「あいつはレイシストだ」といわれている政治家を、「人種差別主義者」と訳してよいかどうか、いやそういうレッテルをはる連中の方がはるかに徹底した人種差別主義者ではないか、と思われる場合もある。

政敵にレッテルをはるのはどこの国にもあることで、この点では日米に差はないかもしれぬ。しかし、人種という意識なしで生活していける日本では、レッテルの言葉

を「レイシスト」とするわけにはいかない。したがって、日本では知覚できず、現地で感じて知る以外にないアメリカの特徴の一つは、レイシストがレッテルになりうるその社会的背景だ、ということになる。今回の訪米で探りたかった重要な点の一つは、それであった。

レイシズムA型とB型

人種という意識なしに生活しろ、といってもそれはアメリカでは無理である。たとえば「クリーブランドという狭い土地に住む人びとは民族別で約七十民族、これを人種別に大きく系統づけると……」といった話を聞くと、「フーム」といえるだけで、そこに住む人びとの「人種《レイス》」という意識は、われわれには到底わからない。だが、「すぐにこう人種と言い出すのがレイシズムなんじゃないのか」という素朴な疑問は出てくる。

そこで「そのう、そのように人種という意識で人を見ることがレイシズムになるんじゃないですか？　人種という意識なしに、みな同じ人間という把握の仕方をすれば

……」と日本的な〝人間として〟的発想をのべれば、

「いや、そういう言い方をするのが最も悪質なレイシストです。現在アメリカでは、人種別に優位に立っている者と劣位にあるものとがいます。したがって同じでありません。この〝同じでないという現実〟を無視して同じ人間だと強弁するなら、それは黒人やアジア人を〝劣れる白人〟と見ることになります。『黒は美しい』も、有色人種雇用法等も、みな、そう主張するレイシストへの抵抗です」となる。

なるほどそう聞けば「同じ人間なのに……」と言いたがる日本人がなぜ「天性のレイシスト」と言われるのか、ある程度は理解できる——この考え方を一応レイシズムA型としよう。

「では、人種の存在を認め、それぞれの人種が法的・社会的に平等であれ、と主張すればよいのですか」と質問すると、今度は別の人がいう。「それが南部のレイシストの典型的な論理です。黒人学校・白人学校を別々にし、両方に平等に予算を出しているから法的にも社会的にも平等じゃないかと。あのリトル・ロックの闘争とは、そのレイシストの論理に抵抗したものです」と——「なるほど」と言わざるを得ない。ではこれをレイシズムB型としよう。

　だが、これじゃレイシストでないアメリカ人はいなくなってしまう。少なくとも「人種」という意識なしで生活している日本人から見れば、そうとしか見えない。つまり、A型といわれまいとすればB型になり、B型を避けようとすればA型と断定される。これでは「気にいらない人間」にはだれにでもレイシストのレッテルがはれるはずである。ではレッテルは別として、レイシスト、非レイシストはどこでどのように区別されるのか？　いや、なぜレイシズムが存在するのか？　これは多人種国家の宿命であろうか？　そうはいえまい。南米の多くの多人種国家には、レイシズムはないといわれるから――。

一体、レイシズムとは何か

　一体「天皇への鯨デモ」や「鯨を殺すなキャンペーン」の正体は何なのか。出発前に、日本で資料を調べただけで、その背後にあるものが「動物愛護」でも「資源保護」でもないことは、うすうす察せられた。ではこれはレイシズムの一表現であろうか？　一表現とすればなぜこのような表現になるのか？　疑問は際限なくわいてくる。だがそれらを探索する前にまず、レイシズムの定義を明確にしておかなければならない。だがその定義は以上のように、きわめてはっきりしていない。一体、レイシズムとは何を指し、レイシストとはどのような状態にある人を指すのか？

「そうですなあ……」といってから、堀内さん（四世、日系市民協会ワシントン支部長）はしばらく考えていたが、「具体例をひいて言いますと、次のような発想がレイシズムです」とつづけた。

その説明を要約すると、たとえば一台の車が来たとする。「あ、車だ。ほう、フォルクスワーゲンだ、とするとドイツ製か」これが普通の発想。ところが、ショーウインドーをのぞきこむ。そして「ありゃ、日本製品だ、ソニーの品か、一体こりゃ何だ、ヘエー、テープレコーダーか」となる、前者とは、逆方向の発想、これがレイシズムであると。

簡単に図式化すれば、その発想が、製品↓メーカー↓国（民族・人種）という順序か、国（民族・人種）↓メーカー↓商品となるかの差だという。

こう言われると、何となくわかったようだが、さてその実感となると、なかなかつかめない。だが後に私は、ロサンゼルスでウエートレスと話しているとき、堀内さんが言ったのはこのことだな、と感じたことがあった。

彼女は白人で学生アルバイトらしいが、日系・中国系・黒人に全く差別なく実に親切で、行きとどいていて、好感がもてる。そのうえロサンゼルスは日系・中国系が多いから、レイシズム的雰囲気をわれわれは感じない。彼女はコーヒーを運んでくると「ロサンゼルスをエンジョイしたか」といったようなことを言った。

私も何となくお世辞が出て「実にいい町である（いや、実際にはアメリカの中で、私にとっては最も魅力のない町だったが）。スモッグがひどいと聞いていたが、東京の方がはるかにひどい。これもラルフ・ネーダー（大企業の不正、腐敗を次々に暴いた消費者運動家）などの運動の結果ですか？」とたずねた。その瞬間彼女は「でも、ネーダーはレバノン人ですから……」と答えた。

私の発想は、ロサンゼルス→意外にスモッグがない→反公害→ネーダーという順序である。ところが彼女は、ネーダー→レバノン人→?……?で、その先には、固定化し類型化した〝レバノン人〟というイメージがあるのであろう。この発想、ネーダーを一人間と見ないで、人種・民族というステレオタイプにまずはめこんでしまう発想が、レイシズム的発想であろう。

捕鯨禁止運動の背後にあるもの

こういう発想は、対外的にはわれわれにもあって「レバシリ」（レバノン人とシリア人、最もガメつい人間）といった隠語もあるわけだが、アメリカの場合は、これが対外的にではなく、対内的に作用するから、国際問題ではなく国内問題・社会問題になり、奇妙な緊張を社会にもたらす。

幸い日本にはこれがないが、世界が狭くなり対内・対外の区別がつきにくくなっても、この問題に無関心でいると、レイシストと言われまいとしてA型の発言をして非難され、あわててB型の発言をしてまた非難され、「天性のレイシスト」などと言われて、どうしていいかわからないという状態に落ち込むかもしれない。

というのは私自身、出発前に「鯨問題」を調べて、「おかしい」と思う点はあっても、その背後にレイシスト的発想があるとは夢にも思っていないから、天皇へ「鯨殺すな」デモがあれば、わが〝無能なる外務省〟のPR不足が原因であろうと考え、デモの組織者である野生動物保護協会《ナショナル・オーデュボン・ソサエティ》の会長バーンズ氏と、この問題について直接に討論したいと考えていたからである。

私は出発前に、朝日新聞社を通じて、バーンズ氏との面会の確約を書面でとった。今回の訪米で、こういう方法をとったのは彼にだけである。そのうえさらに、ワシントンから電話でもう一度、日時を確認し、承諾をとった。だが、ニューヨークについて電話をすると、秘書が出てきて、急用・旅行中・不在で会えないと言う。

「ずるい《スマート》やり方だ」

アメリカ人がこういう行動をとった場合、どう解すべきかと、サンフランシスコでエディソン・宇野氏にたずねたところ、彼がまず口にしたのがこの言葉であった。だがこのときには私は、バーンズ氏のこの「逃げ」を、少しも不思議に思っていなかった。というのは議論をして行けば、相手をレイシストだときめつけうる自信が私にあり、相手は当然にそれを察知していたからである。

鯨を絶滅から救え→捕鯨を禁止せよ→鯨をとっているのはロシア人と日本人である→したがって日ソ両国に捕鯨の中止か制限を求めよ、という発想なら、これはレイシズムではない。そしてこの発想なら、レイシズムを除外した討論が成り立つから、私は次のように主張するつもりでいた。

(一) ロシア人にとっては鯨油だけが必要で、しかも鯨油の一部はミサイル用で、軍需といえる。(二) しかし日本人にとっては鯨は蛋白源であり、不可欠の食料品でもあって、しかも平和利用しかしていない。(三) したがって捕鯨の禁止はまずソビエトに対して要求するのがアメリカの利益のはずである。(四) さらに、もし牛脂だけのため牛を殺して肉を捨てる者と、食用として肉を利用する者とがいるとしたら、あなたはどちらに牛を捕獲する権利があると考えるか、地球上で最後まで鯨をとる権利がある民族があるとすれば、それは日本人とエスキモーのはずである等々……。そして私は、出発前から、これ以外にもさまざまの反論を用意し、議論の進め方まで、練っていた。

「鯨殺し」となぐられた日系の子供

だが、堀内さんと相談しているうちに、「こりゃ違うぞ、確かにこの鯨問題は、氏のいう通り、レイシズムの一表現だ」と感じた。というのは、まずその発想が、日本人↓鯨殺し↓悪人↓日本品ボイコット↓日系排撃という順序で進んでいる。小学校では、黒板に「丸顔・メガネ」という伝統的な日本人の戯画を描き、「鯨殺し」と書いて日系の小学生をボイコットする。否、「鯨殺しの日本人」と宣告されて子供がなぐられた例もある。

三歳の日系の少女が「お前は悪者だ」と年長の少女にいわれ「なぜ？　悪者なの」と反問すると「鯨殺しだからだ」と言われたという。あとで聞くと何とこれが日系市民協会サンフランシスコ支部長ディヴィド・牛尾氏のお嬢さんなのである。

「日本人↓鯨殺し↓……」のレイシズム的発想は、すでに子供の世界にまで入っている。無理もない。「鯨を救え」「日本品をボイコットせよ」は一つの標語、その下には排撃すべき商品がトヨタを筆頭に列記され、ソビエトについても言及はしているが、これは名目にすぎず、したがって「ロシア系排撃」などは全く起こっていない。この背後に労働組合の策動もあり、またキャンペーンに便乗した寄付金集めもあって、そしてこれは、日系だけを戦時収容所に入れ、ドイツ系はそのままにした発想と同じだ、と堀内さんは言った。

日系市民協会は当然これに反撃し（ここでまた「二世はこういう時にも何も言わない」という三、四世の不満を聞いたが）、『ロサンゼルス・タイムズ』は「日系、鯨〝反動〟を恐怖」と大きくこれを取りあげ、オハイオ州の『ザ・プレイン・ディーラー』も杉山会長の抗議を掲載し、中国系新聞は「鯨殺しの日本人」の排日マンガを再録した上で、日系の抗議と宇野さんのコメントを収録、また「行動するアジア系市民」の会は、日本品ボイコットが、欲求不満の、日本と日系への転嫁――いわば〝魔女狩り〟的行き方――で、問題の本質を市民の目からそらすことだと警告している。「鯨の虐殺をやめよ《ストップ・マーダーリング・ホエイル》」「日本の人民よ、鯨を救え《ピープル・オブ・ジャパン・セイブ・ホエイルズ》」といった天皇に向けられたプラカードの背後にあるものは、日本人への敵意「第二次大戦の影《シェイド・ワールドウォー・トゥー》」だという「行動するアジア系市民の会」の言葉が示す通りの現象と言わねばならない。

「だがしかし、それはやはり、日本側のPR不足もあるんじゃないでしょうか。蛋白源だといえばアメリカ人は納得するんじゃないですか」といって私は、前述の、「鯨肉蛋白源者」と「牛脂・鯨油だけの者」の対比論を堀内さんに話した。「いや、鯨を食うのがよろしくないというんです」「エエッ」「FDA（食品医薬品局）が鯨肉缶詰めの輸入を禁止したという噂もあって……」。海外に出ると日本人はみな〝愛国者〟になるといわれるが、私もこの辺で少々頭に来ていた。

レイシズムの基をたどって行き着くもの

何しろFDAはチクロ禁止の際に見られたように、日本の厚生省にとっては〝権威〟らしいからである。「冗談じゃない、鯨肉もチクロ並みか、こりゃもう、食物禁忌に基づく人種的偏見以外の何ものでもない。アメリカ政府が偏見のお手伝いか、よろしい、FDAへ行こう」と決心したが、同行のNさんから、「まず実態を調べた方が……」と注意され、そこで日本食品会社《ジャパン・フード・コーポレーション》に車を走らせた。

「あ、それはこのことでしょう」、支配人《マネジャー》の杉原さん（一世）は、いとも簡単に私の前に一つの缶詰めを置いた。「鯨の大和煮《シーズンド・ホエイル・ミート・ウイズ・ベジタブル》」大丸製、最小型の缶詰めである。

「いや、禁止というわけではないんですが……。一市民から通報があったという連絡がＦＤＡから来ただけで。鯨は危ないと思ってましたから、鯨製品の輸入は四年前から一切やめていたんです。ところがたまたまスーパーにこれが一缶残ってましてネ。一缶なら別にどうってことないですから、引きあげたわけですよ」

「フーム、だが大きなスーパーの中から、この一缶を見つけ出してわざわざ通報するとは、全く異常ですな」

「え、アメリカは年中そういう正気の沙汰ではないことが起こる国ですわ。〝食〟には理屈はありませんからな。ここへ一番はっきり出てくるんです。もっとも常に日系が対象というわけじゃありませんが……」

理解しにくいアメリカの一面、レイシズムという形で湧き起こってくる奇妙なデーモンの動きを鋭く見抜き、この面の情報を的確に把握しているのはおそらく杉原さんのような人であろう。そうでなければ、四年前に鯨製品の輸入をストップし、損害を一缶に抑えるなどという芸当はできない。だがこの「来るナ！」といった感触をどうやってつかむかは、「経験ですな」という以外に、説明はなかった。おそらく、われわれが持ち得ない一種の「感覚」であろう。

そして、レイシズムの基は何なのだと徹底的にきいて行くと、堀内さんの答えも宇野さんの答えも、「視覚・臭覚・味覚」等を総合した感覚に触発される、ある方向への社会的な欲求不満が噴出した〝魔女狩り〟現象だと言うことになる。結局、感覚への対処は感覚でしかできない、杉原さんの答えもそれを裏書きしていた。

田中絹代《たなかきぬよ》は、なぜ〝魔女狩り〟にあったのか

「バタくさい、ニンニクくさい、タクワンくさい」にはじまる臭覚、さらに視覚、味覚、聴覚は、理屈ではない。したがって「感覚が触発する魔女狩り」は、同一民族・同一人種・同一言語・同一感覚のわれわれには理解しにくいが、これを理解する鍵となる現象が、日本にも、ないわけではない。

『週刊朝日』一九七六年九月五日号で高峰秀子さんが記す「田中絹代糾弾キャンペーン」などは、まさに「感覚に触発された理由不明の糾弾」であり、彼女がどんな「大

それたこと」をしたのだという高峰さんの言葉にはだれも答え得ない、弁解の余地なき〝魔女狩り〟である。だがこの理由不明の攻撃、そしてその熾烈さと執拗さとは、田中絹代氏に自殺の決意までさせるほどひどい。

なぜこういうことが起こったのか？　レイシズム同様、不明な点が多いが、当時の日本では対米批判は実質的に不可能であり、敗戦や戦犯問題さらに食糧援助等への自虐的劣等感の鬱積《うっせき》は、直接アメリカに放散されないままに、社会に鬱積していた。そこへ「象徴的伝統的日本女性」田中絹代氏が、アメリカ人同様の姿に変身してアメリカから帰国し、アメリカ人のような仕種で出迎えの人びとに応対した。そのことへの「感覚的な反発」に触発されて、社会のあらゆる鬱積が彼女に向けて集中的に放出され、彼女が〝身代わり羊〟の形で矢面に立たされた、と考える以外にない——とすれば、卑劣とも卑怯とも言いようのない事件だが、これが「正義の標語」「錦の御旗」を掲げて行なわれた場合、さらにさらに、始末の悪いことになる。

「動物愛護」「資源保護」の錦の御旗にはだれも反対できない。それならなぜ、討論を約束しておきながら逃げるという、甚だ公正《フェア》でない態度をとるのか？　これはアメリカ人として、異常な行為ではないのか。この質問に対する多くの人の答えをまとめれば、次のようになるであろう。

アメリカの建国を彼らは「最初の革命」という。人類最初の革命の意味だそうで、ここで人類ははじめて、伝統や因襲や社会悪を内包した「石器時代以来の不合理な社会」を捨てて、合理的組織としての人工的政府をつくった、と彼らは言う。

だがこの考え方の背後にあるものは、十八世紀的〝理性信仰〟であり、理性という合理性を、伝統や因襲が阻《はば》んでいるから人間は苦しむ。人間は環境の動物、したがって人間が悪ければそれは「社会が悪い」のであり、その「悪い社会・環境」を捨て、それから解放されて、理性に基づく合理的科学的社会組織をつくれば、人間は幸福になる――これが独立宣言以来二百年の、彼らの国是である。

したがって彼らは、不合理な面があれば常にこれを合理的にし、合理的組織という網の目で全米をおおって行った。

排日法に対してとった内村鑑三の激烈な態度

いわば合理的組織的ルール絶対の世界をつくりあげた。その組織の合理性は、完全に末端にまで及び、その便利さ、快適さ、的確さ等々に接すると、だれでも一種の拝米家になりうる。そしてこのタテマエから言えば、レイシズムは存在し得ない。したがってレイシストはアメリカの国是に反する人間ということになるから、この言葉は政敵へのレッテルにも禁句にもなりうる。

だが人間は、十八世紀の理性信仰通りの産物ではない。ある面を合理化すれば、別の面に非合理性が出る。その非合理性を合理化すれば、それがまた別の面に非合理性として現われる。そのため、社会が合理的組織の網の目でおおわれて行けば行くほど、そこから遊離した非合理性が、まるで雲のように浮きあがって社会へただよい、何かのきっかけで、いわば「感覚的触発」でその方向へ集中的に吹き出していく。

アメリカの歴史とは一面この噴出の歴史で、それがKKK団、アイルランド人排斥、ユダヤ人排斥、排日法、赤狩り、鯨デモに現われ、被害者は必ずしもアジア系や黒人だけではない――「それは少しも珍しい現象ではありません、INNAという言葉があります。これは『人を求む、ただしアイルランド人は除く』という文章の各単語の頭文字を集めた言葉で、一時代前のボストンで、普通に通用していた一単語です」とビル・細川氏は言った。そしてこのレイシズムの矢面に立たされた瞬間、すべての日本人は一転して排米家になり愛国者になる。

それは知米家といえども例外ではない。アメリカをよく知り、英語で著書を出版し得た内村鑑三が排日移民法案に対してとった態度も、理知的とは言いがたいほど激烈である。当時内村の助手であった石原兵永《いしはらひょうえ》氏が『身近に接した内村鑑三』〈『石原兵永著作集』山本書店刊所収〉の中で記していることを次に抄出してみよう。

内村鑑三の日記には次のように記されている。

「引続き米国の排日にて非常に気持悪《あ》しく感じた。之にて米国の日本に対する好情は全然消滅するのである。多分米国は国として斯《か》くも劣等なる国であるのであろう。実に痛感の極みである」

「日本としては思い切ってアメリカとの関係を断つがよい。……宣戦はせずとも、アメリカにいる日本人の退去を実行するのである」

「息を殺して米国よりの報知を待ちつつある。……大統領に排日法案を拒否してもらいたい」

「米国大統領クーリッジ遂に排日法案に署名す。憤慨に堪えず。これで七十年間継続せし日米の友好関係は切れた」と。

そして内村は石原兵永氏に一枚の紙をわたし、自分が聖書を講ずる今井館講堂にこれをはって来いという。それには、英語と日本語で「米国の不義不信を憤ります。此基督教の講堂には米国人の金は一銭一厘も這入《はい》ってありません。内村聖書研究会」と記されていた。

と同時に内村は、絶交状態にあった国家主義者の徳富蘇峰《とくとみそほう》に「御健壮を祝します。対米問題に対する御意見は、全然同感であります……」という手紙を送る。さらにアメリカ糾弾の大講演会をひらき、英字新聞に「Grave Consequences（重大なる結果）」という一文を投書し「アンクル・サムへの公開状」を英文で発表している。

だがこれらを仔細に読んでいくと、それはアメリカへの失望というより、人間がもっているはずの合理性なるものへの信頼を打ちくだかれた怒り、理性への信を裏切られた者の憤りのようにも見える――アメリカは常にあらゆる意味の合理性の象徴であったから。では〝理性〟に基づく合理化・組織化が悪く、南米のようになればよいのか――いや、そうもいえまい。ペロンのアルゼンチン、クーデター前後のチリ、ブラジル等々、基本的人権の面ではレイシズム以前だから。

うかつに信頼できぬ「正義の標語」

宇野さんと話し込んでいるうちに「ベトナム反戦」「公害反対」等の、アメリカの市民運動の「錦の御旗」の背後にあるものは何なのだろうと考えた。「動物愛護」「資源保護」「鯨を殺すな」の標語が額面とは全く違うことを知った今となっては、すべてを徹底的に洗い出さない限り、彼らの「正義の標語」は信頼できない。うっかり同調すれば、レイシストの片棒かつぎになりかねない。そしてその時、ふと「モノマネのすきな連中が日本で鯨デモをやっているのではないか」と考え、心配になってきた。「日本でもやっている」に力づけられた運動が日系市民に与える強烈な打撃は決定的であろう。それでは本当に「天性のレイシスト」になってしまう。そして「天皇への公開書簡」の草稿を氏から見せられたとき、この『日米交渉史』の著者の念頭に常にあるものが、祖父の母国に起こる拝米・排米の奇妙な転換や軽薄なアメリカ模倣と同調が、直接間接に日系市民に与えた被害であることを知った。

最初に記したように、レイシズムという語は日本には来なかった。今後も来ないであろう。しかしわれわれはアメリカには「レイシズム」という言葉が存在することは知っておかねばなるまい——少なくとも、相手を知ろうと思うならば。この点に無知なら、レイシズムA型とB型の間を右往左往し、拝米・排米とくるくると転換し、先方の「正義」をプラカードに掲げながら、結局「天性のレイシスト」といわれる結果になってしまうだろう。ある二世は、こういう点では個別主義のアメリカ人の方がはるかに信頼できると、はっきり私に明言した。

第八章　「サザエさん」の世界、「スヌーピー」の世界

――タテ社会とヨコ社会は、どこで交わるか

勝ち抜き社会におけるチャーリー・ブラウン人気

「訪米中の天皇はホントに新聞が報ずるほどアメリカ人に人気があったんですか？」

と、聞かれて、私はこう答えた。

「あったでしょうね、少なくともアメリカの新聞約二百紙で調べた限りではね」

「どんな点で人気があったんですか」

「それですな少々不思議なのは。アメリカ人自身も不思議らしく、なぜわれわれはこんなにヒロヒトに興奮《エキサイト》するのだろうか、と逆にきかれましたよ。原因は二つあると思います。一つは、『ロサンゼルス・タイムズ』のK・レクスロス氏の解説のように、西欧文明との対比という形で相当に正確な解説が出たことが、逆に、新しい興味をひいたこと。

これは『カミ』という日本語が『天地の創造者、父なる全能の神《ワン・ゴット・ザ・ファーザー・オールマイティ・メイカー・オブ・ヘブン・アンド・アース》』という意味の神とどう違うかにはじまり、西欧の王朝の系図がチュートンの神々までさかのぼったことと、天照大神《あまてらすおおみかみ》からの万世一系という双方の神話的系図の対比につづく長文のものです。そしてこういった記事は最後にほとんどが『しかし彼は現代人であり、生物学者であり……』という形で結ばれています。

これを読んでますと、こういう風に紹介された外国人が国賓として日本に来たら、日本でもずいぶん話題になるだろうと思いましたよ。その底にあるもう一つのものは、アジアへの一方通行の意識がなくなったことと、アメリカのさまざまな迷信の崩壊でしょう。しかし天皇が直接間接に接して人びとに巻き起こした人気の直接的な理由は、社会的地位が最高の〝チャーリー・ブラウン〟がいた、といった人気でしょうな」

「エッ、すると天皇はチャーリー・ブラウンですか」

と言われて、私はハッとする。これを言ったときのアメリカの庶民と日本人の反応は違うからである。

「アメリカに行って、どういう人に会いたいですか」と聞かれたとき、反射的に出た答えが「チャーリー・ブラウン」であった。もっとも私が言ったのは彼のような「人格」の意味であって「能力」とか「地位」（「子供」という地位も含めて）の意味ではない。

「ハハハ、彼にならどこででも会えますよ、ルーシーにもスヌーピーにもね」と言われたものの、いざ、実際に会ってみると、アメリカのエグゼクティブはみな「激烈な勝ち抜き競争」に生き残ったような人たちだから、「チャーリーそっくり！」と言える人にはお目にかかれない。

「勝ち抜き社会」は、確かに今日のアメリカを築いた基礎であろうが、その一面は、〝ニクソン氏〟に象徴されるような一面である——たとえそれが〝清廉潔白なニクソン氏〟であれ。そしてこれは、一般民衆が「特別な地位にある人」を、一定のステレオタイプにはめこんで見る結果になった。

そのため、そのタイプからはずれた著名人には一種特別の親愛感を示す結果にもなるという。その一例がアインシュタイン博士で、彼は「天賦の才をもったチャーリー・ブラウン」のように愛され、それを証明するようなエピソードは少なくない。方向は違うが、こういう点では、天皇はまさに、恰好《かっこう》の人であったといえる。

日本人と接触のあるアメリカ人が口にした印象は、目をつりあげてセカセカ走りまわる普通の日本人と全く違うということであった。そうであろう。おそらく天皇は、アメリカとは型は違うが、やはり一種の激烈な競争社会である明治以後の日本において、「立身出世」「他人を蹴落とす」といった意識を全くもたず、それがどういう意識かも知らなかった、唯一の「地位ある人」だったかもしれぬ。

アメリカに残る開拓者精神の迷信

この点では、ニクソン退陣を少々残念に思った。「勝ち抜き屋」の負面《マイナス》の〝象徴〟と、それと対等の元首の地位にある（と彼らが反射的に受けとる）〝象徴〟天皇との対面の方が、余程、面白かったに違いない、と。

「いや、それが問題なのだ。それがアメリカが克服しなければならない問題なのだ。あなたはインドとアメリカをともに空間社会と定義されたが、私がその両者の差を指摘するなら、それはアメリカ的可動性《アメリカン・モビリティ》という面である……」とコラムニストのカアノー氏は言った。

氏のいう可動性《モビリティ》の説明は、説明そのものとしてはきわめて簡単明瞭で——地位と仕事を求めてアメリカという空間をくるくると歩きまわり、職業を五回変え住居を十回かえ、エネルギーを使いはたし、社会保障をうけた生ける屍《しかばね》のような、非家族的存在としての孤独の老後を送って死ぬ——といったことなのだが、それがなぜアメリカのもつ最大の問題点と言いうるかは、私には少々理解しかねた。だが後に、ギブニー氏が、これと同じような状態を「パイオニア・スピリット的迷信」という面白い表現で説明されたとき、カアノー氏の説明とそれを結びあわせて、私はその致命的欠陥なるものを、次のように理解した。「開拓者精神《パイオニア・スピリット》」これは牢固たるアメリカの伝統である。だが、この言葉が「アメリカを開拓するの意味なのか、それとも自己の運命を開拓するの意味なのか」と徹底的に問いつめて行くと、彼らは返事ができなくなる。

　無理もない。過去においては、「アメリカを開拓することは、すなわち自己の運命を開拓すること」であり、この「逆もまた真」であって両者に乖離《かいり》はなく一体であった。したがって彼らは、自己の運命を開拓するため、新しい〝開拓地〟を求めてアメリカという空間を動きまわることがアメリカの開拓だと信じ、これを一種の「正統的生き方」と考えている。これが「アメリカ的可動性《モビリティ》」であり、その原動力になっているのが「パイオニア・スピリット的迷信」ということであろう。

これは明治以降の立身出世主義と対比できる。かつての明治人は、「世のため、国のため、庶民のため」「乃公《だいこう》（われ）出でずんば……」で出世競争にのり出したのであって、ここでも、「天下国家社会のため」と「出世」は乖離していない。だがそれは、「高学歴→官庁か一流企業→学閥《がくばつ》昇進→出世→高収入→恩給→老後保障」迷信の「正統化」に転化した。彼らの迷信もおそらくこれに対比されるべき確固たるものであろう。

時間的タテ社会と、空間的ヨコ社会

確かに人類は永遠に開拓が要請される、また高度の教育は、日本のような無資源国には不可欠のものである。ただ、開拓という生き方の型が教条化され、その型が絶対化すれば、開拓という名の一種の迷信となり、逆に開拓がなくなる。同じことは学歴信仰の日本にもいえると思うが、岡目八目で他人の欠点の方がよくわかる。

前に述べたように、アメリカは、「いやなら出て行け」の可動性《モビリティ》社会。これはまた「いやだから出て、開拓します」が正統な生き方の社会でもある。したがって税金が多くてニューヨークがいやな者はそこを出て自己の運命を開拓し、社会保障がよくてニューヨークがいい者は、自己の運命を開拓すべくそこへ入ってくる。みなそれぞれ自己の運命を「開拓」していることは確かだが、それは「アメリカの開拓」に直結せず、逆に崩壊になりかねない。黒人が大挙して北上し、白人は逆に南下する、といった現象は何を招来するのか。いやその前に、どうしたらこの可動性《モビリティ》が阻止できるか？〝危機〟を指摘するカアノー氏の言葉は、私への質問のようでもあり、また自問自答のようでもあった。

日本を「年功序列・生意気排除・長幼序あり」の「時間的」タテ社会とするなら、彼らのは、空間的ヨコ社会である。したがって〝迷信〟の問題点の表われ方は「受験戦争」のような形にならない。その理由は、親子・学閥・組織等々といった名称は同じでも、その内実は非常に違うからであろう。ニューヨークで鮨屋へ行く途中、タクシーの運転手が、自分の甥《おい》は日本に進出した大企業の重役だと自慢した。そのときA子さんが「これにアメリカをお感じになりません？」と言って、パラマウントの社長の父親がニューヨークでタクシーの運転手をしていた話をした。

彼は乗客に「オレの息子はパラマウントの社長で、立派にやってんだゾ」といった自慢を堂々とする。後に父親思いの息子に頼まれてロサンゼルスに移住したが、タクシーの運転手はやめない。これはアメリカでは当然なのだが、果たして日本でできるだろうか？　それがA子さんの問いかけであった。

日本なら双方で隠すか、「自分が大会社の社長に出世しながら、その目の前で、オヤジにタクシーの運転手をやらせておくとは……」といった非難になるか、取り上げ方では、〝美談〟にもなる。しかし非難も美談化も、それが異常性であって通常性ではないことの証拠にすぎない。

マンガが象徴するタテ社会・ヨコ社会

こういう話は、私などには大変にさばさばして気持ちよく感じられる。しかし彼らはこれを問題にし、親子というタテよりも、夫婦というヨコで動き、タテの連関がないことを問題にする。彼らのいう「家族主義」という言葉を聞いていると、それは、ヨコ非難、タテ礼讃のようにもきこえてくる。

したがって「いや、現代の日本には、そんなことはありません、日本にもカギっ子といって……」といえば、「アメリカの子供は全員カギっ子でしょう、ただし、子供を寝かして寝室にカギをかけて夫婦でパーティーに行くという意味でね」という言葉が返ってくるし、教育ママの話をすれば、ブルックリンの黒人学校の先生は目を輝かせて、「たとえ低俗な価値観でも、子供の教育にそれだけの価値を認めてくれるとは……」と感激してしまい、こちらが返答に窮する。

学閥の話が出る。私が会った人の多くは、いわばエール閥だが、彼らの閥とはヨコ閥なのである。すなわち一組織内にさらに学閥というタテの別組織があって「先輩が後輩を引きあげる」という形でタテに動くのでなく、社会全般にチームのように広がっていて、互いにスカウトし、あっせんしあうような形で動く閥である。「いや、その閥の方がさっぱりして陰湿でなく……」というと、これが可動性《モビリティ》の元兇だという。

もっともこういう話をするのは、「アメリカとは何ぞや」と考える〝哲学的〟な東部の知職人だけで、中西部へ来て「これがアメリカの今の考え方か？」と聞けば、「フン……」と一笑に付される。この点フォード大統領の束《つか》の間の人気とは、「迷信ではないか」という危惧を一瞬打ち払って、伝統的アメリカ健在の錯覚を人びとに与え得たことかもしれない。このことはギブニー氏も指摘しているが、錯覚のあとの幻滅はさらに大きくなるであろう。

以上のことを一言でいえば、それは「サザエさん」の世界と「スヌーピー」の世界の違いである。前者は「親→子→孫」のタテ家族が軸になり、後者は「子供チームに犬と鳥」のヨコ社会が軸になっている。もっともマンガも伝説も象徴であって事実ではないが、時にはそれが、個々の事実以上の普遍的な真実を表わしている。

そしてそういう伝説は、アジアとアメリカとの関係にもある。

「カリフォルニアとはおかしな所でしてね」とラモットさんは笑いながら言った。

「ゴールドラッシュのとき、中国の広東《カントン》に洗濯物を出しまして……」

「ホントですか？」

「アハハ……。もちろん伝説ですが……」

と氏はつづけた。氏は『大英百科事典《エンサイクロペディア・ブリタニカ》』の「サンフランシスコ」の項目の執筆者、いわば「生き字引」だが実は東部の出身、日本育ちで、明治学院大学の創立者の一人ラモット師の息子さんである。

ただし今では「西部の文化人」。そして氏の語る西部の姿勢は、ある意味でアメリカの姿勢でもあろう。すなわち、意識的に東部（西欧）に背を向け、アジアに目をそそいでいるように見えながら、アジアは「洗濯物を出す」対象であっても、「洗濯物が来る対象」ではない。

同時に東部（西欧）に背を向けながらも一種の文化的劣等感をもち、思想・文学・芸術からファッションまで「東部（西欧）が認めたものしか認めようとしない」と。「私もそれを痛感させられた一人ですが……」と氏は苦笑して言った。

「著書でも雑誌でも、ニューヨークで認められればサンフランシスコで認められるんです。それを打破しようとして私が編集した雑誌まで、実は、ニューヨークで好評を得てはじめてサンフランシスコで読まれる始末でして……」。それでいて意識的には東部に背を向けている、と。

何やら日本のことを言われているような気がした。アメリカや西欧に背を向け、アジアの方を向いているようで、パリやニューヨークで認められたものは認めるし、また反米反西欧的な人も「ストに対してヨーロッパ人は……」と、前提を無視して、模範としてヨーロッパを引き合いに出す。またアジア、アジアと言っても、東南アジアは「洗濯物を出す」対象であっても、その地の文化を受容する対象ではなく、日本文化との対比においてとらえる対象でもない。

「その結果、カリフォルニアは非常に非思想化・非政治化しましてね……」

「というと、ニクソンとマンソンは同じ社会的基盤から出てきたわけですか？」。私は田中前首相と爆弾魔を連想しつつ言った。

「さ、そこまで極言できるかどうかはわかりませんが、だが最近、アジアとの対等の対比という意識は出てきましたね」

そうであろう、と私は最初に記したような新聞記事を思い起こした。ところが「では、天皇への関心もその一つで……」と私が言うと、氏は意外な返事を聞くようなケゲンな顔をした。

アメリカにとって「アジア」といえば中国

　アメリカが「アジア」という言葉ですぐ思いうかべるのは、中国であって日本ではない。このことは国務省の反応でも、各大学への国務省からの研究費の出し方でも、私は、もう十分に知っていたはずなのだが、アジアといわれるとすぐ日本と錯覚する。天皇は確かに関心をもたれているが、二カ月前の「中国フェスティバル」と比べれば雲泥の差で全く問題にならない。

「あれは、まさに、カリフォルニア始まって以来の、ひっくりかえるようなお祭り騒ぎでしたよ」とラモット氏は言った。中国への関心と傾斜は、単に政府・専門家の間だけでなく、民衆まで浸透している。これはアメリカの伝統であり、したがって両国の関係がどんなに険悪化しても、アメリカは中国に対しては神経質《ナーバス》にはならないという。したがって「アジアとの対比」といったとき、氏の念頭にあったのは中国フェスティバルであっても天皇ではないのが当然のはずであった。

「では、ラモットさん自身は、天皇には……」という私の問いに答えて、生いたちから言えばライシャワー博士以上に日本と密接で、昭和初期の日本をよく知り、二・二六事件のときオートバイで非常線を突破して雪の中を走りまわって〝見物した〟氏が、「テレビで……」と言ってひょいと右手をかざして眺めるまねをし、次に両手をぱっと開いて「おしまい」の仕種をして笑った。

それはまことに『ストレスからの逃走』の著者にふさわしい仕種であったが、はっきり言えば「関心なし」である。そしてこれが、いわば米本土における公的な取材の最後だった。新聞の記事は把握できる。しかし個々人の反応はそれで一般化できない。日本育ちのラモットさんがそれを端的に示していた。これがアメリカであろう。

ラモットさんと別れて飛行場に行く車の中で、前日の、植物園における在米邦人の奉祝会を思い出した。私がアメリカで天皇を見たのはこのときだけである。その晴れの場にいたほとんどすべての人が、勝負の仕方はまちまちとはいえ、すべて何らかの意味の「勝ち抜き勝負」の勝利者である――随行の日本の高官はもちろん、アメリカにおける社会的地位の高い老一世も二世も。そしてその中の天皇は確かに別世界の人間に見えた。

日米の転換点はマッカーサー元帥の天皇会見

ラモット氏は面白いことを言った。「戦後の日米関係の転換点に、歴史家はさまざまなことを言うが、人びとが忘れている本当のその〝点〟は、天皇に会ったマッカーサーが、『この人間が戦争を起こすことなど、絶対にありえない』と信じたその信仰ですよ、ヒロヒトがトウジョーに変わったのはそれ以後です」と。

ラモット氏の言い方と、植物園における天皇の印象から、私はマッカーサーの言葉に、通常受けられるのとは別の意味「このチャーリー・ブラウンに、戦争など起こせるわけはない」のニュアンスを感じた。

この傲慢な勝者が感じかつ言ったことは、こう解釈すれば不思議ではない。そして「勝ち抜き屋」が今も天皇に、そういう印象をもって不思議ではない。

アメリカ軍では、参謀が少なくとも三つ以上の「命令案」を提出し、司令官が自らの責任でその一つをとる。

すなわち「命令」は最終的には責任者の個人的決断による採択できまる。このアメリカ軍という世界しか知らぬ彼が、「部下を評定するような目」で天皇を見れば、この判定が常識である。彼は自らの判定に基づき、どこか別に実質的責任者である〝日本のローズヴェルト〟がいるはずだと考えたのであろう。だが日本はそうではない。日本語には「戦争が起こる」という言葉はあっても、ある人が自らの決断で「戦争を起こす」という言い方はない。彼は日本に対して無知であり、この点が理解できなかった。もっとも今のアメリカ人も同じである。

あまりに段違いで、天皇訪米が中国フェスティバルと対比できないにせよ、基準を「日本」に限定すれば、否、西欧の君主との対比に限定しても、天皇ほど歓迎をうけ、関心と好意をもたれた日本人は、今まで皆無かもしれぬ。

なぜであろうか？　どこかこの式場に天皇と似た印象をもつ日本人が、もう一人ぐらい居ないものか？　私は天皇よりむしろ、「日本型立身出世迷信」にも「パイオニア・スピリット的迷信」にも毒されていないらしい人を探した。そしてそういう人もまた、深い敬愛の対象であれば、アメリカが求めているある種の「あるべき人間像」がわかるのではないか、またそれを逆に見れば「病めるアメリカ」という言葉が出てくることの実態の一面も把握できるかもしれない。

通りの名に名前をあてられた移民の日本人

だが式典は遠慮なく進み、終わり、天皇は去り、取材の記者たちも足早に走り、天皇が歩いた、みどりの芝の上の真紅のカーペットは引きむかれ、汚いベニヤ板が出てきた。そのとき私は、だれにも気づかれず、静かに会場を去って行く、小がらな老夫婦に気づいた。服装から国教会《アングリカン・チャーチ》の牧師であろうと推定したが、その風貌《ふうぼう》、物腰、否、一挙手一投足が、半世紀に近い昔の少年の日に私の目にうつった、伝来の日本的教養を身につけた、温和で、精神的に充足し切った老人を思い起こさせた。そしてその印象は、どこか、天皇と共通していた。

「もし……」私は思わず声をかけた。その人が前に記した加納久憲氏である。挨拶が終わると氏は、名刺を出して万年筆で一部を訂正し、翁《おきな》という言葉そのままの端正な顔にちょっと照れたような微笑を浮かべ、言いわけをするように「実は住所表記が〝南加納通り《サウス・カノー・ドライブ》〟と変わりまして、イエ、別に何も地域に貢献したというわけではないのですが……」と言われた。ケネディ空港やダレス空港とは規模が違うとはいえ、生存中に、その人の住む所の町名をその人の名に変えることは、アメリカでは非常な名誉で、それはその人が、その地域社会からの敬愛と人望を一身に集めている証拠であるという。

滞米六十年の氏を短く紹介することはできない。要点だけを摘出すれば、氏は鹿児島の七高在学中に日本の人口・土地・食糧問題の重大性について講演をきき、そのとき、移民となる決心をした。卒業と同時に一切を捨てて渡米、ネブラスカ大学で農業経済学を専攻し、以後四十一年間、移民の農業指導にあたった。

同時に国教会《アングリカン・チャーチ》の牧師として人種問題にとり組み、まず教会が範を示せと、「人種の垣」を取り払って合同させ、いまはロッキーの山麓の静かな町に隠退している――。「しかし、子供二人に孫四人、曾孫《ひまご》が一人で、そこによばれたり、さまざまな会に引っぱり出されたり、けっこう忙しい毎日で……」と笑っておられた。氏は、目だたず、人目につかず、誇らしげなことは何も口にされず、こちらが恐縮するぐらい謙虚であったが、氏の存在そのものが「わが生涯に悔いなし」という言葉になっていた。

理想に燃えた旧制の七高生がそのまま齢《よわい》を重ねたような氏を見ていると、それはまるで、ロッキーの山々が、逆に、明治以後の〝立身出世迷信〟と戦後アメリカがもたらしたさまざまな〝迷信〟から、一人の教養高い伝統的な日本人を保護し、かくまいつづけて来たように見えた。そしてその氏が、アメリカ人から深く敬愛されていることと、それはカアノー氏などが追い求めている「家族主義的理想像」なるものが、おそらく、加納氏のような生き方なのであろうと思わせた。

だが、カアノー氏にもまた多くの知識人にもお気の毒だが、その姿はもう日本にはない。だが民衆は案外、すでにそれを、ロッキーの山麓に見つけ出しているのかもしれない。そして氏への敬愛と天皇への人気に、何か、彼らが模索している対象があることを感じた。

(文中、正規に取材に応じて下さった方は実名、私的にお世話になったお方は、イニシャルにしました)

ライシャワー発言と勧進帳《かんじんちょう》

「非核三原則」とアメリカの国益

まず「非核三原則」をアメリカは大歓迎なのだ、という現実を最初に確認しておかないと、「〝同盟〟騒ぎ」〈注1〉から「ライシャワー発言」〈注2〉に到る「マスコミ騒動」の本質は理解できなくなるであろう。そこでまず、この「三原則」を検討してみよう。

㈠核を造らず、㈡持たず――だが、これにアメリカが双手をあげて賛成なことは、この言葉に主語を入れてみれば、だれにも疑問の余地はない――「日本は核を造らず持たず」。私にはそんなに数多くの友人が要人や有力者の中にいるわけではないが、それでも、その中にこの「原則一、二」に反対して「日本は自力で核爆弾を開発して保有すべきだ」と言う者は一人もいない。あたりまえである。理由は次の二つを考えればそれで十分だ。

まず第一に、武器とは対外的対抗手段であるとともに対内的支配統制手段である。この世界には対外的対抗手段としては無能力でも、対内的支配統制手段ではある「クーデター専門」軍隊まで存在する。武力にはすべてこの面があり、この点では「核」

も変わりはない。

したがって米ソともども、自国の勢力圏内もしくは圏内と考えている国々が核武装することは、絶対に賛成しない。「中ソ蜜月」で「一枚岩」で「対ソ一辺倒」の「兄弟国」の時代でさえ、ソビエトは中国の核武装には内心では絶対に反対で、この面での援助をしようとはしなかった。当然である。自らの勢力圏内に、自己に対抗しうる武力をもつ国が出現すれば、支配統制の手段を失い、逆に、自らが支配統制されることにもなりかねない。現在は米ソともども支配統制の「タガのゆるみ」に困惑しているのである。それをさらにゆるめるようなことは、絶対に賛成しないと言ってよい。

第二に、「アメリカ人は内心では日本人を信用していない」と言っても、それは「人格的」な意味でなく、「日本人の政治的・外交的・経済的原理原則がわからない」

〈注1〉昭和五十五年（一九八〇年）に訪米した当時の大平正芳首相が「日本は米国の同盟国として協力する」と発言したことから湧き起こった議論のこと。

〈注2〉昭和五十六年（一九八一年）、ライシャワー元米駐日大使による、核兵器を積んだ米艦船の寄港や領海通過を日本政府が了承していたとする発言。

という点で、日本人を信用していない。これも当然である。簡単にいえば「わからないものは信用できない」のである。

簡単な例をあげてみよう。わずか二十数年前に、日本銀行の総裁は「日本に乗用車工業はいらない」といい、川崎製鉄の新工場建設予定地に「ペンペン草が生えるだけだ」と言った。これは日本がUSスチールを凋落《ちょうらく》させ、ビッグ3を青息吐息にすることなど絶対にないということである。

ではこの日銀総裁は「アメリカをだました」のか、決してそうでない。彼自身が日本人の「政治的・経済的行動原理を知らなかった」だけである。だが、そんなことは他国は信用しない。「日本人が日本人の政治的・経済的行動原理を知らない」などということは、「原理・原則を明確に言葉にして表明する」民族にあり得ないことである。この「あり得ない」ことが日本に「ある」なら、「ある」という点で日本人の言葉は信頼できないし、それを故意に隠したと思うなら余計に信用しないはずである。

このことから「核問題」を類推してみよう。「アメリカは日本にその経済大国にふさわしい防衛力を要請している。よろしい。では戦術核ぐらいは日本で開発して持つべきであろう。その要請に応じましょう」と言ったらどうなるか。

それが、彼らには理解できない日本の「政治的・経済的原則」によって、二十年後には現代の車や鉄鋼の如くに急成長し、車や鉄鋼がアメリカを圧倒した如くに、核力で政治的にアメリカを圧倒する事態が出現しないという保証は、過去の経済的な面で見て行く限り、「あり得ない」と彼らが思っても、これは、論理と体験に基づく結論だから、否定の方法はない。

「核」をつくるのは一に工業力と技術であり、日本がそれをもつことは十分に証明ずみである。そしてもし同じことが起きれば、アメリカが自らの「支配統制圏」と信じている「圏内」における「権力の交替」が政治面でも経済面でも起こってしまう。それはアメリカにとって「とんでもない」ことであり、「非核三原則の第一原則」を絶対に日本に守らせることは、アメリカの国益と一致するはずである。

アメリカの支配権に対する危険な萌芽

この点についてアメリカが最近「やや危惧の念を抱く」という状態になったことは

ある程度首肯できる。

たとえば清水幾太郎氏の『日本よ国家たれ! 核の選択』だが、この書をアメリカの当局は仔細に分析したであろう。事実、私の友人にも読んだ人間は多い。ただその受取り方は、日本人とアメリカ人では相当に違う。日本人は伝統的に武力は対内的支配統制の手段だという発想に乏しい。というより「ない」と言った方がよい。これは平安朝以来の伝統に由来するであろう。そしてこの点では、日米というより日本と世界の間に、大きなギャップが存在する。したがってアメリカ人がこれを「アメリカ圏における核保有による、アメリカの対内的支配統制権への抵抗」とよみ、それによって「日本よ国家たれ!」と主張している一種の「対米・反米的ナショナリズムの表明」とみて危険視しても不思議ではない。

その点でこの論文に内心最も大きな不快感を抱いたのは、ソビエトよりむしろアメリカであろう。これはソビエトの衛星国の中に同じ著作が出たら、最も危険視するのがソビエトであることと同じである。この場合はアメリカは内心歓迎かも知れぬ。というのは、その核はアメリカに脅威を与えるほどのものではあり得ないが、ソビエトの支配統制力をぐらつかせる効果は十分にあるからである。

こういう、支配権に対する危険な萌芽は「芽のうちに摘んでしまわねばならない」とする点では、アメリカであれソビエトであれ同じであろう。言うまでもなくアメリカが、レーガン政権のみならず、常に、日本に「経済力に応分の自衛力」を求めているることは否定できない。と同時に、核武装は「絶対反対」であり、これは日本に於ける「革新的平和勢力」よりも徹底的かつ絶対的である。核において自動車や鉄鋼的状態を現出するかも知れぬということは、彼らにとって空想するだに慄然《りつぜん》とする悪夢のはずである。

今回のライシャワー発言は、何らかの形でアメリカ政府と連携をとった上での発言だと思ってよい。というのは「元大使に守秘義務がある」ことぐらいは、ライシャワー氏が知らないはずはないし、リークの政治的効果ならヘブル大学のガルヌール氏の、有名な著作がある。そしてこのリークはまさに「リークの原則」にぴたりなのだが、言論の自由が存在する民主主義国なら、リークの効用を計算しつつ新聞をいかに利用するかぐらいのことは、政治的人間ならずとも心得ているであろう。

さらに日本の新聞記者はリークへの対応を知らないからすぐこれに乗り、うまく利用できるぐらいのことは最近では中学生まで心得ていることが、「富山県教育記念館・第二回報告書」に載っている。

アメリカ政府は、この発言を実質的には問題視していない。そしてそれに対応して起こった非核三原則再確認のマスコミの大合唱は、アメリカ政府にとっては「してやったり」の歓迎すべき事態である。そこで、しぶしぶこれを認めるような顔をして、その上で「非核では絶対ゆずらないから、他の面の防衛力増加では妥協せざるを得ない」という形に誘導されれば、彼らの思う壺である。

軍事常識のなさを露呈した朝日の記事

では「㈢核を持ち込ませず」はどうであろうか。アメリカはもちろん大賛成であろう。日本のように政治的行動の原則が明確でなく、はなはだ世界の常識からはずれ、超法規的処置をとることを〝世論〟が指示する超法規的国家に「原爆を持ち込む」などという危険をおかす国はなくて当然である。

もちろんこのことは「持ち込みません」と宣言することではない。企図秘匿・陽動・欺罔《ぎもう》は戦術の原則である。アメリカは核弾頭がどこにあるかを決して明確にしないが、これはソビエトであれ英仏・インドであれ同じである。否、核だけでなく、あらゆる軍事力の展開を決して明確にしないのは、いずれの国であれ同じことであろう。

もっとも故意にこの原則を破る場合もあるが、それは後述する。戦後平和の三十余年、日本人が「平和ボケ」したといわれることが、あらゆる点で露呈しているのがこの点であり、これでは「持込み」云々などと言っても、せいぜいリークに振りまわされるだけである。

良い一例として「岩国の『核』を推理する」(朝日56・5・23)を再読していただきたい。いくら読んでも、その「推理」なるものの結論はさっぱりわからぬ記事だが、一度でも実際に戦場に行って戦争を体験した者なら、すでに何回も国会やマスコミで「核があるのではないか」と論議された場所に「核」を置くような間抜けはいないというのが常識であろう。もちろん陽動・欺罔で企図を秘匿するのは戦術の原則だから、巧みにリークして「ない所」に「あるらしい、あるらしい」と言ってくれれば、これくらい有難いことはない。

私自身、もう三十余年前の太平洋戦争のときの砲兵の観測将校だが、「目標をつかむ」ということがどれくらいの難事かは、拙著の『私の中の日本軍』（文藝春秋）、『一下級将校の見た帝国陸軍』（朝日新聞社）（現在は二点とも文春文庫）をお読みいただければわかるであろう。

軍事技術という点から見れば、当時ははなはだ幼稚な時代であり、帝国陸軍は特に幼稚だったかも知れぬが、「企図秘匿・陽動・欺罔」の原則は、どの時代でも変わりはない。戦争とは相手を「だます」ことの連続なのである。

私のような幼稚な下級将校でも「あすこに日本軍の砲車があるらしい」などと言われているところへわざわざ砲列布置したり、砲弾集積所にしたりするような間抜けはやらない。もっともそこへ木造の擬砲をおき、さも砲車らしく擬装網をかぶせておいたり、砲弾の集積所らしく見せるぐらいのことは帝国陸軍でもする。これもリークの効用の一つだが、それにひっかかるほど間抜けな軍事専門家は居るまい。

したがって「岩国！　岩国！」のリークは、別のことを狙っているのかも知れない。

もちろんこれはお互い様だ。砲であれミサイルであれ、発射すれば、その弾道を逆にたどれば位置が露呈してしまうことは同じである。これが一番おそろしい。戦争は決して「一方的行為」ではないからである。

したがって私は、アメリカの高官がある種のタイミングを計って「どこどこに核がある」とか「あった」とかリークする情報はきわめてあやしいと思っている。というのは、彼らが内部的に連携していないという証拠はないし、その発言で責任をとらされたという例を聞いていないからである。私は本当の「核」の位置は、それが発射されて、その弾道を逆にたどる以外には明らかにならないであろうと思っている。もっとも「宣伝用写真」は別である。

目標を完全につかんで発射する場合でさえ、自己の位置を知られることは怖い。そこで、かの幼稚な帝国陸軍でさえ擬砲火をつかった。これは電気仕掛の花火のようなもので、これを砲車から遠い位置に数十カ所仕掛け、砲車との間を電線でつないで、発射と同時にさまざまな地点で「砲火らしき花火」をあげて、真実の位置をくらますための装置である。そのようにしても必ず発見される。

したがって予備陣地をつくっておいて、何発か射ったら移動する。そして移動してもすぐ射撃ができるように予《あらかじ》め諸元《しょげん》を計算しておく。それが観測将校なるものの任務だが、こんなことは三十余年前でも常識であった。

もしアメリカが日本からミサイルを発射しようと思っているなら、その予備陣地はすでに図上に設定され、そこから発射するための諸元は全部算出されているであろう。もしそれがあるならば、それは新聞記者などには絶対にわからぬ「思いもよらぬ」位置である。これをスクープすれば立派である。というのは、もし観測将校が測板と諸元表を盗まれたら、昔なら切腹ものだから――。軍事機密はそう簡単には入手できない。それが軍事の常識である。

したがって前記の朝日の記事を読むと、もし記者がまじめでこれを書いているなら「つける薬はない」という以外にない。「企図秘匿・陽動・欺惘」の原則から言えば「あるらしい」と新聞が報道するような場所には何もない。軍事上のことを取材・報道するなら、原則ぐらいは知っておいたらよい。

ではアメリカの当局が「岩国に核はない」と「完全に信じられる状態にして明言する」ことがあるであろうか。まず「ない」し、あれば何かの意図があると見るべきである。というのは、戦場で外国の新聞記者にいかに執拗に砲車と観測所の位置を取材されても、そこに「ある」とも「ない」とも言わないのがあたりまえで、それを正直に明確に語る観測将校はいないからである。

「岩国」が執拗にリークされるのはなぜであろうか。それはわからない。しかし以上の点から見れば、何らかの心理作戦の一環であろう。かんぐれば、ここにニセモノ──昔の言葉でいえば「擬製弾」──を置いて、それらしく見せかけ、日本人の核への反応の変化を年代別に計測するためかも知れぬ。いわばどれだけの広範囲に反対運動が起こり、だれがそれを組織し、積極的参加人員は何名かを調べあげれば、相当的確な計測ができるであろう。

さらに、もっと悪くかんぐれば、それを本物と信じて「核ジャック」が起こったときの政府・新聞・一般人の言動から、日本人の政治的行動の原則を知りうるという思惑も秘めているかも知れない。というのはそれが明確にならない限り、たとえ必要と思い、その意志はあってても（これは少々考えにくいが）、危なくって日本には核など持ち込めないからである。

「原則」が不可解な国・日本への対処法

というのは超右翼が「日本よ国家たれ！」という幟《のぼり》を掲げて岩国に突入して「核」をジャックし、「政府が軍備大拡張、核武装を声明しかつ実行しない限り『核』はわたさぬ、二十四時間以内に返事をせよ」などといわれても、また超左翼が同じことをして「即座に安保を廃棄し、ソビエト軍の平和進駐を要請せよ」といっても、アメリカは大変に困惑する位置に立たせられるからである。

というのは、この際は一応、日本政府に「善処」を要望できるだけである。では一体、日本政府はどうするか。それは彼らには見当がつかない。何しろハイジャックとの話合いが超法規的に政府を拘束し、既決囚が悠々と国外に出て行くお国だから、核ジャックとの「話合い」が超法規的・超憲法的・超条約的に政府を拘束しないという保証はどこにもないのである。

そして出てくる新聞世論なるものはせいぜい「持ち込まないと言いながら、核を持ち込んでいたアメリカが悪い」ぐらいのもので、これに対して如何に対処すべきかを明確に主張する論説などは、期待すべくもない。そしてこの程度のことは少なくとも対日専門家は知っていると断言してよい。

そしてもしこれが起きれば、イランの人質事件以上に、アメリカにとってはこまった事態である。そしてこの点に於て鈴木首相がバニサドル大統領より有能だと彼らは思っていないであろう。そして日本政府の対応、新聞の〝世論〟なるものを見きわめた上で、「あれは擬製弾である。アメリカ政府の方針は元来はこれを声明しないことだが、今回は緊急の事態なので特別に声明する」と言えばよい。もちろんその前に、各国とはホットラインで事態の真相は説明しておくであろう。そして日本の国際的威信を落とそうとするなら、これはよい方法であろう。そのときの対応によっては、日本は、イラン以上に国際的信用を失い、完全な孤立に追い込まれる。必要となればそれくらいの謀略は彼らはやるであろう。

もちろん以上は「仮定のお話」である。だがアメリカ人に、日本人の政治的行動の原理・原則が全くわからず、その故に、この点では日本人を信頼していないことは否定できない。

もっともこれはアメリカ人だけではないし、現在にはじまったことでもない。以下は小室直樹氏の談話の中の一節だが、私にも似た経験があるので以下に記そう。氏は六〇年安保のときアメリカに居られたが、アメリカ人はみな革命が起こって日本はひっくりかえったと思ったそうである。

というのは、国会は国権の最高機関であり統治権の象徴だが――これは日本も同じはずだが――その国会に〝暴徒〟がなだれ込んで占拠したのに、政府も軍隊（自衛隊）も何もせず傍観し、警察も実際にはこれを阻止しなければ、どう見ても革命だからである。そして他の国のことなら、日本もこれを自明のこととしている。たとえばクレムリンはソビエトの国権の象徴だが、これに暴徒がなだれ込んでも、政府も軍も警察軍もKGBも黙って見ていたら、これは革命が起こってソビエトはひっくりかえったと見るのが常識だからである。したがって日本も政治的行動の原則が同じなら、同じことが起こったと見て不思議ではない。ところが日本は何やら不可解な原則が作用して、そうならないのである。

私は当時東京にいたが、あるアメリカ人が、『週刊朝日』に載った横山泰三氏のマンガを私に見せて、同じように日本はひっくりかえったと心配していた。見せられたのは安保最盛期で、このマンガの主題はハガチー事件〈注3〉ではなかったかと思う。いわば、ハガチー氏がヘリで脱出し、アイク訪日を阻止した学生に、東条元首相の亡霊が軍服姿で現われ、日章旗をもって「バンザーイ」と言い、学生が「ギョッ」としているマンガである。

私などはこれを見て何となくニヤニヤしたのだが、彼は、「岸は東条の閣僚だったし、政府とデモ隊の首謀者は前に会っているから、一種の共同謀議があって、日本に反米的軍事国家をつくる合意があったのではないか。だから国会が占拠されても政府

〈注3〉昭和三十五年（一九六〇年）六月十日、アイゼンハワー米大統領秘書官のハガチー氏が来日した際、車が反米デモの隊列に取り囲まれ、米軍ヘリコプターと警官の救援でようやく羽田を脱出し、裏口から米大使館に入ったという事件。

も軍隊も警察も動かないのではないか」と本気で心配していた。

だが、その後の日本の経済成長への大転換は、彼らには、終戦前後の日本的転換と同様に理解できないのである。こういう原則が不明な国には、日本政府の要請があっても、公然と核を持ち込むことはしないであろう。何か自分たちにはわからぬ政治的原則が作用して、それがアメリカの方に向いたら、それこそ大変である。

軍事情報のリークは、すべて「陽動・欺罔《ぎもう》」

言うまでもないが軍事力には抑止力、さらに的確にいえば恫喝《どうかつ》力がある。その手段として使う場合は、半ば公然と、また時にはリークでその圧倒的優位を相手に誇示する。

確かにある時期までアメリカはさまざまな方法で核戦力をソビエトに誇示していた。その時代なら、日本に公然と核基地を造って誇示するということも、あり得たかも知れぬ。だがこれはあくまでも圧倒的優位の場合であり、それが失われれば誇示はマイナスにしかならない。

戦前の日本は対英米で圧倒的優位という自信を持ち得なかったから、『大和』も『武蔵』も極秘であった。いわば大艦巨砲の時代がつづけば、世界最高の戦力をもち、これに対抗しうる戦艦はアメリカにないと思っても、総合的戦力という面では、誇示して抑止するだけの自信がなかったということであろう。

現在の米ソの戦力は、ともに、誇示・抑止・恫喝の状態ではない。過去の経緯から今なお誇示の状態をつづけている施設は、すべて「ヌケガラ」かも知れない。

そしてこういう時代が来ると「企図秘匿」はあらゆる面で徹底してきて、リークはすべて「陽動・欺惘」とみてよい。

ヘブル大学のモルデハイ・アビル教授は、現在の米ソ関係での「最も大きな裏の問題点」は、アメリカが超低空ミサイルを技術的に完成して製造に入ったことだと言ったが、地上すれすれに、野を越え山を越えて、地形に対応しつつ侵入してくるミサイルは、レーダーで防ぐことができない。

これが本当に配備されれば、過去の防御網はすでに無きに等しく、相手は裸になってしまう。だがその真相は完全に秘匿されており、もしこれを防ぐ装置を開発して全国境をこれで包もうとすれば、ソビエトは破産せざるを得ない。これが「デタント」を要請する一理由だそうである。

こういう時代になると、この基地をつぶすことが最大の要請になる。というのは、これさえあれば、核弾頭は沖合の空母にでも積んでおいて、いざというときにはヘリで運んでも大した問題ではないからである。となると、「核」「核」とそちらに目を向けさせ、「岩国」「岩国」とリークするのは前述のように「少々クサイ」。今では運搬手段、特にレーダーで捕捉できない「企図秘匿」の運搬手段に、戦力の重点が置かれていると思われるからである。ではこのミサイルは日本にあるのかないのか。それはだれにもわからない。

核保有国の艦艇臨検は可能か

こうなると「原則㈢――持ち込ませず」に「通過させず」も含ませる内容は、興味深い問題になって来る。というのは、この状態では実際はこれは「空文」であろう。

というのは、われわれの鼻先を低空ミサイルが通過してもこれをどうにもできまい。さらに旧式の大陸間弾道弾が日本の上空の宇宙を通過しても、宇宙シャトルがどこかへ核弾頭を運ぶため、頭上の宇宙を通過するという事態になっても、これを阻止する手段はない。同じように核弾頭が領海に入って、また領海を出て行っても、また入港しても、これまた宇宙同様に方法がない。

「通過させず」が世界に宣命した日本の方針なら、これは世界中の艦艇に適用されるべきであろう。そして現在の戦術核は、百五十五ミリ砲（昔の日本の十五榴）クラスの砲弾にして発射できるという。これが事実なら――事実らしい――艦艇に積載した砲は、原則としてすべて核砲弾を発射でき、すべての艦艇には核砲弾が積載されている可能性がある。

こうなると、日本に友好親善訪問に来る場合でも、米・英・仏・インド・中国等の核保有国のすべての艦艇は、入港を拒否するか、臨検しなければならぬ。だが艦艇を臨検するなら、それ相応の覚悟が必要であろう。いま、ソビエトの艦艇が領海に入ったら、即座に臨検して核の有無を確かめよと主張できる新聞はない。

また親善、乗組員の休養、食糧・燃料・水・日用品等の補給購入のため入港する外国の艦艇の寄港を、すべて拒否するか臨検を宣言するなら、それも相当の覚悟が必要であろう。もちろん、そんな覚悟は国会議員にも新聞にもあるまい。ではどうすればよいのか。

「世界の常識」と違《たが》わぬ意見

一体「同盟騒ぎ」から「ライシャワー発言」に到る新聞の、そしていずれは起きる国会のテンヤワンヤは何を意味するのであろうか。まず新聞を読み、二、三の週刊誌などの評論を読み、最後にかの高名な「天声人語」氏の格調高い一文（朝日56・5・22）を読んで、「なるほど」と了解した。

たとえば「とにかく、核を積載した艦船が、日本の領海に入ってくるとき、沖合で核を外すなんてことは考えられないことだから、この際、フィクションを捨てて実態を認めるか、それともフィクションを維持してゆくかで、二通りの反応が出ているのです」（中堅議員）、「持ち込み」という日本語は元来は「イントロダクション」の意味で「通過」の意味はないとして「〝持ち込ませず〟の解釈に、領海通過や寄港を含むんだと説明したのは三木内閣のときですが、しかし、それは非現実的な言い方です。だいたい、領海通過や寄港を含むといっても調べようがないですから……」（内田一臣氏）、「今の海上保安庁の能力で、領海全体を四六時中見張ってるなんて、ドダイ無理な話。検証できない原則を立てること自体が間違っている」（防衛庁関係者）。「通過したり寄港したりするのは、その原則に触れない……そんなことは、世界中の人が当り前だと思っている。日本の国民だけが通過も寄港もないと思ってるとしたら、その方が異常です……数年前のラロック発言〈注4〉のとき、ブレジネフの顧問格に当るソ連の高名な学者と話をしましたが、彼は〝どうして日本では、そんなことが問題になるのか。領土に配備しないというのはわかるが、寄港もさせないとは、どういうことか……〟といぶかってましたよ。それが世界の常識であって、日本だけそんなことがない、と思っている人がいたとしたら、おめでたい限りです」（猪木正道

〈注4〉昭和四十九年（一九七四年）十月六日、退役海軍少将のラロック氏が米議会で「核兵器積載能力のある艦艇にはすべて核兵器を搭載し、日本に寄港する際も外すことはない」と証言したこと。

氏）――このソビエト高官の発言は少々面白い、というのは、この原則を本当に実行するならソビエトも少々こまった状態になるからである――（以上『週刊新潮』）。

私の友人や編集者の意見も大体同じで「どこの国の艦艇でも日本の領海に入るときに核を下ろして別の船につんで領海外に待たしておくことはないだろうね。第一、それをしたかしないかなんて、外国の艦艇じゃ調べようがないだろ」がほぼ一般的な意見、これで見ると日本人の常識は、猪木正道氏のいう「世界の常識」とあまりかけ離れていないようである。

日本ならではの「勧進帳」のはじまり

だがしかし、新聞の論調や国会の論戦ともなると、これと全く別の原則が働いて、別の様相を示すのが日本なのである。

いわば「フィクションを捨てて」常識通りにするか「フィクションを維持してゆく」かの中堅議員の言葉通りなのだが、ライシャワー氏の「日本の政府は、事実をもう率直に認めるべき時である」との御忠告とは裏腹に「核の持込みには、港に寄ることや、領海に入ることも含まれており、その点の解釈をめぐって、日米間に誤解はない」と鈴木〔善幸《ぜんこう》〕首相、宮沢官房長官、園田新外相は口をそろえて「フィクション護持」なのである。

したがって、新聞・国会を問わず、あらゆる問答は『勧進帳』になる。日本では国会座で常に『勧進帳』が演じられていることは『にっぽんの商人』（文藝春秋刊）に指摘されているが、この指摘を今回の論争にあてはめてみると面白い。

この劇は、観客も富樫《とがし》も弁慶もすべて、そこにいるのが「隠し義経」だと知っていなければ成り立たない。いわば全員が「嘘の世界」にいるのだから、もしだれかが本当のことを口にすれば、すなわち「富樫さんよ。あなたはこの男が隠し義経だと知っているじゃないか」と一言いえば、この劇は成り立たない。そしてこの虚構のやりとりの中にある種の真実を見出して、みな感動するわけである。ただすべてが荘重で格調が高くないといけない。こういう劇は外国にあるであろうか。少なくとも私の知る限りでは「政治劇」――に入るであろう――にはない。

この劇は、「弁慶艦」が「隠し核義経」を積んで、「領海安宅《あたか》の関」を通過する所でである。もちろん彼は、この核義経の加賀の国への「持込み《イントロダクション》」を許っているわけでなく、通過できればよいのだから、行ってしまえば加賀の国には関係ない。だがしかし「非核義経三原則」で通過さすわけにいかない。だが、内心では通過を認めざるを得ないという心情にある。その心情を弁慶艦は察知しており、そこで『勧進帳』の名演技が行なわれるが、ライシャワー氏のような観客がいて「あなたはそこにいるのが『隠し核義経』だともう率直に認めるべきだ」などと言うと、善幸《ぜんこう》丈以下すっかり台詞をとちってしまう。そこで次のような劇評が出る。

「鈴木総理は『なんせライシャワーさんは古い人だから』なんてワケのわからないことを言うばかりで、『寄港だけなら非核三原則に反しない』と、核の持ち込みを肯定するかのような発言もありました。それでも、ただちに調査を命じるといっていた。ところが宮沢官房長官になると、一私人の発言だ。口頭であろうと、日本政府がないといっているのだから、改めて米政府に問い合せる必要はない、という態度。『寄港でも三原則に抵触する』といってみたり、まったくチグハグな混乱ぶりでした」(週刊文春)

つまり「天声人語」は、核のカサがほしいのか、ほしくないのか

となると、こういう状態でブロンプターなしで、何でも遠慮なく質問する気心の知れぬ外人観客の前に出るのは危険であろう。

そこで「首相の失言をいちいちあげつらうつもりはないが、少なくとも非核三原則や核のカサといった大切な問題についてハイとイイエのけじめがなくては困る。『米国の核のカサがほしくないのか』という米人記者の質問に対して首相はむしろこう答えるべきではなかったか」と記して、朝日の「天声人語丈」は、模範「勧進帳」を次のように記している。

読者はこの中に、前記の質問に対する明確な「ハイ（イエス）」「イイエ（ノー）」があるかないか、探しながら読んでいただきたい。

▼「それでは反問します。日本は核の傘なんかほしくない、閉じてくれとアメリカに要請したら、ではといってアメリカはカサを閉じるでしょうか。核のカサというものは、もともとは核保有国の利益のために、国際政治の均衡上存在して

いるというのがわれわれの認識であります」▼「カサをさしのべてやっているのだ、いうことを聞け、というのは核のカサをカサに着た威圧、カサにかかったおごりであります。鋭敏なる諸氏は一九六八年六月の安保理決議を御記憶でしょう」▼「あの決議は非核保有国に対する核攻撃を防ぎ、対処することを義務づけたものであります。核保有国が非核保有国の安全を保障するのは義務であって決して恩恵ではないのであります」▼「現実の問題として、日本の安全保障にとって、非核三原則は有効かつ必要であります……」▼「さらにいえば、日本人には核兵器に対する激しく根強い拒否感があります……」▼「核兵器を保有しうる力を持ちながらあえて拒否する道を選んでいることをわれわれは誇りとするものであります……」

「……」で省略した部分は「非核三原則」への心情吐露のようなもので、「米国の核のカサがほしくないのか」という質問には無関係だから除く。もっとも無関係なことをさも関係ありそうにだらだらと、かつもったいぶっていうことも「勧進帳」の効力の一つだから、これが全体の半分を占めている全文の印象を的確に知りたい方は「朝日新聞」(56・5・22)を再読いただきたい。

いうまでもなく相手は外国人、そして恐らく質問者はアメリカ人であろう。質問は「(日本は)米国の核のカサが(ほしいのか)ほしくないのか」であり、この答えは「イエス(ほしい)」か「ノー(ほしくない)」のいずれかであり、それだけ返事すればよいのである。

「天声人語丈」は「ハイ(イエス)とイイエ(ノー)のけじめがなくては困る」といいながら、この問いに対して「ハイ」とも「イイエ」ともいっていない。これは日本人には通用してもアメリカ人には通用しない。

気の早いアメリカ人なら「それでは反問します……」と言った途端に、「私は反問を求めているのではない、私の問いへの、イエス(いる)、ノー(いらない)を求めているのだ」というであろう。そしてこれより礼儀正しい男なら、この「人語勧進帳」が終わったところで、「あなたの言っていることは、私の問いへの返事にならない。私の問いに対して、イエスなのかノーなのかお答え願いたい」というであろう。相手がたずねているのは「日本の意志」なのである。

これに対して弁慶人語丈は、また別の「勧進帳」を読みあげ、あらゆる言句を連ねて、「イエス・ノー」を明言することを避けるであろう。確かに鈴木弁慶の演技は稚拙で人語丈の演技は立派、思わず、「朝日屋あー」の一声もかけたいほどだが、しかし「イエス・ノー」を明言していない点では同じである。

では「米国の核の傘が（ほしいのか）ほしくないのか」の問いに対して「天声人語」氏は、「イエス（ほしい）」「ノー（ほしくない）」のいずれを、それとなく口にしているのであろうか。「勧進帳方式」とは「虚構もしくは仮定の応酬の中にお互いの真意を見出して暗黙の了解に達する方式」とするなら、この中にも「イエス（ほしい）」か「ノー（いらない）」のいずれかが隠されているはずである。これをどうやって判定するか。

それは簡単なのである。その冒頭に「イエス」をつければ文意が通り、「ノー」をつければ文意が通らない場合は「イエス」、その逆なら「ノー」なのである。人語勧進帳の冒頭に「ノー（いらない）」とつけたらその文意は全く通らない。しかし「それでは反問します」を「イエス。ただし、それは次の見解に基づきます。第一、日本は核の傘なんかほしくない……」とつづければ、そのまま文意が通るのである。

ライシャワー発言が提示したもの

私は決して「勧進帳方式」が悪いと言っているのではない。

これこそ歌舞伎十八番の一つ。三世並木五瓶《なみきごへい》の名作だが、何せ初演が天保十一年（一八四〇年）の鎖国時代、さらに能楽「安宅《あたか》」の改作だから、その歴史はさらに古い。そしてこれが今に至るまで演じつづけられているのは、われわれの精神構造と行動様式にぴたりと即応しているからで、このような伝達方法もまた文化なのである。

しかし鎖国時代の劇が外交上の問題処理に役立つわけはないし、この文化をもたない民族には「イエス・ノー」を言わずにそれを表現するという「美学」が理解されなくても致し方はない。

したがって今までの日本は、外国との折衝は外国式にやり、それが国内で波紋を生じた場合は「勧進帳方式」で収拾するという方法をとらざるを得なかった。明治来、歴代の内閣はこれで苦慮し、鈴木内閣とてその例外でなく、まるで対外交渉の「模範例」のように提示された「天声人語」でさえ、さらに立派で荘重な「勧進帳」にすぎないのである。そしてこの方式でラロック発言を故大平首相がいかにうまく収拾したかは、ライシャワー氏が指摘している。

この方式は「文化的宿命」という一面を確かにもつ。そして歴代内閣の苦慮は、それが仕事なのだから、故大平首相のように処理すればそれでよい。しかし、この方式では、「実のある外交論議」が成り立たないことも事実なのである。

したがって、この方策にどのような弱点があるかを把握して、新しい方法を模索すべきであって、さらに立派な勧進帳を示しても意味はない。そしてこれが、ライシャワー発言がわれわれに提示した問題のはずである。

モザイク国家・アメリカ二題

ジョージア州プレーンズを訪ねて

――ジミーとビリーは教会が違う

〔一九八〇年八月〕ニューヨークに来たところ、民主党の党大会のためホテルは満員。今回はビリー・ゲート事件〔当時のカーター大統領の弟ビリー・カーターが、リビアのカダフィ大佐から裏金を受け取ったとされるスキャンダル〕でいつになく荒れ模様。代議員だけでなくそれぞれの応援団やマスコミ関係者も乗り込んで来るらしく、国内線の到着ゲートには、民主党大会用の特別受付ができていました。予測はだれに聞いても、「さっぱり見当がつかない」ということです。

「ま、ジョージアにでも行ってみようか」ということで、州都のアトランタ、『風と共に去りぬ』の舞台になったこの地まで来たのですが、カーター邸のあるプレーンズ村はここから時速一一〇キロでとばしても四時間半はかかる所だといいます。「へェー、アメリカは広いな全く。途中の昼食時間などを入れれば、新幹線で東京から広島ぐらいの時間だな」と思い、ひとまず、有名な黒人運動家の故マルチン・ルーサー・キング牧師の未亡人をたずねることにしました。

彼の生家、彼が説教をしたエベネゼル・バプティスト教会、キング牧師記念文化会館などは、彼がデモをしたアーバン街とともに、いわば黒人運動のメッカなのですが、ここもまたキング未亡人をはじめ全員がカーター応援にニューヨークに行っていて不在、閑散としていました。

考えてみればそれが当然なのかも知れません。故キング師は黒人運動の象徴的人物、しかも南部バプティスト教会の牧師、カーター大統領はその派の熱心な信者で、黒人は七割近くがこの派の信徒、となれば未亡人を通じて黒人票を確保しようということになって当然でしょう。政治と宗教のこういう密着した関係に接すると、「アメリカを宗教国家と理解した方が誤解が少ない」という政治学者小室直樹氏の言葉が思い出されます。

アメリカ人は、その成人人口の四割八分（少ないとき）から五割八分（多いとき）

が毎週必ず教会へ行くという、日本では少々考えにくい国民です。しかし、この面は日本に紹介されず、「アメリカのすべて」などという雑誌のグラビアなどを眺めても、そのほとんどがニューヨークの下町などで、きわめて保守的な南部の町や村の実情は案外、紹介されていないように思われます。

翌日プレーンズ村に行くことにしましたが、何しろこの村にはホテルもモーテルもないということなので、近くのアメリカス町のモーテルに一泊し、翌朝早々プレーンズ村を訪れました。村というより集落といった方がよいと思うくらい、家がパラパラとあるだけ。ただ集落の中央にちょっとした町工場らしきものと数本のサイロがあります。この工場がピーナッツ加工工場、サイロがピーナッツ用サイロで、そのすぐわきを単線の鉄道が走っていました。線路が錆びていないところを見ると、ピーナッツ集荷列車が今も走っているようです。

カーター家は、誤解されているようですが、実は農場主でなく、このサイロと加工場をもつ集荷業者で、いわばこの村の名士というわけです。ロザリン夫人の実家もすぐ近くで、何となく「隣のみよちゃん」を嫁にもらったというような、まことに牧歌的な感じでした。村のメイン・ストリート（?）は、片側に四、五軒の商店が並ぶだけで、うす汚れたショーウインドーの中に、色あせたカーター一家の写真がはってありました。その付近を歩くと、一時代前の西部劇の映画セットの中を歩いているような錯覚に陥ります。

道路の反対側には、実にみすぼらしい、日本では到底お目にかかれないような木造小屋のガソリン・スタンドがあります。これが例のビリー・カーターのガソリン・スタンド。「まさか彼は民主党大会に行っちゃいまいね。行けばマイナスだけだから」と思いつつ、そのガソリン・スタンドに行くと、まことに偶然なことに、御本人とばったり会いました。彼は愛想よくこちらに手を振ると、車に乗って出て行きました。

日曜日ですから、教会へ行ったのでしょう。

その教会ですが、この小さなプレーンズ村の中央に、実に堂々たる大教会が四つもあります。そしてそのすべてが、どの建物よりも立派で大きく美しいのには少々驚きました。わざと少し遅れて、カーターの教会の礼拝に列席しました。というのは、こういう古い教会では、あのあたりはだれだれ一家の席、このあたりはどこどこの一族の席と、何となく「ひいじいさんのころ」から席がきまっていることが多く、そこで早々に来て、適当な空席に「よそもの」が腰を下ろすわけにはいかないからです。教会はほぼ満席、男女ともどもまことに礼儀正しい〝古典的な〟服装をして、神妙に牧師の熱弁に耳を傾けていました。

兄弟でもジミーとビリーは教会が違います。この辺りでは「同じ教会員」ということは同一共同体の一員ということで、親類縁者以上の強い連帯感をもっています。「教会が違うからジミーとビリーはそれほど深い関係にはない」といった発想が、この付近の人たちにはあり、そこで「リビア・ジミー・スキャンダル」は「北のやつらの陰謀」という説も出てくるわけです。

そこにはもちろん「おらが州」意識もあるでしょうが、黒人も白人も全員一致でカーター支持になるのは南北戦争以来の怨念で、この強烈さはわれわれの想像を絶するほどです。黒人も決して北支持でなく、北へ行った黒人たちを、自分たちの社会からの脱落者と見ているといいます。

「そのかわり」と現地に永く住む人が笑っていいました。「北が貿易摩擦でどれほど日本を非難しても、この地には影響ありませんよ。ヤンキーが叩かれていいざまだ、みたいなところがあるんです。カーターのことも、ジミーは悪くない、北の陰険なやつらが善良な彼を陥れようとしているのだ、ということでしょう。確かに彼は善良ですし、彼が北の民主党を掌握できず、ジョージア・マフィアにしかたよれなかったのは北の非協力の問題でしょうが、もっともこれも南部的家族主義から派生した問題かも知れませんが……」と。

時計の針がとまってしまったようなプレーンズ村に立ち、休暇にはカーターが今も昔の仲間と草野球に興ずる教会横の広場を見ていますと、彼の生いたち、環境、宗教、職業、地盤等々を徹底的に調べあげることも、外交上必要なことのように思われました。

何となくアメリカがわかっているような錯覚を抱くことは危険でしょう。八月十一日にホワイト・ハウスに旧友を訪ねると「いまカーターが帰ってきた」と。「大勢は彼にきまったな」と思いました。十四日の朝刊に、「Dems pick Jim again」（民主党カーターを再指名）と大活字で出ていました。（ニューヨークにて）

ニューヨーク近郊アーミッシュ村を訪ねて
――電話、車を拒否、十八世紀以来の生活様式

旅先での原稿は、ゆとりがないせいか、少々生硬だったように思います。ここで少し、ゆっくりとした気持ちで、アメリカの一面を紹介してみたいと思います。というのも、相手が実にこの世離れのした人たちだからです。

アメリカはモザイク文化の国で、遠くから見ていると「アメリカという国柄」に見えますが、中に入るとそのモザイクの一片一片が、全く違うことに気づきます。そしてそれに接すると、日本が「単一文化」だと言われる理由がよくわかります。

この「単一文化」という言葉に、私なども何となく反発を覚えますから、「いや違う。関西文化、九州文化、太平洋側文化、日本海側文化等々は、それぞれ別々の文化を持っている」と主張したくなります。しかし、アメリカに来てアーミッシュ派の人

などに会い、これもアメリカ人だと思ったとき、「ウーン、やはり日本は単一文化の国なのかなあ」という気になります。

アーミッシュ派は、キリスト教のアナバプティストという派の分派で、現代の機械文明を拒否して、十八世紀ごろの生活をそのまま つづけているので有名です。日本でも前に、紹介されたことがあると思います。

この人たちはニューヨークから車でわずか二時間半くらいのところに住んでいるのですが、直接に会って話をするのが中々困難です。というのは、この人たちは他人の生活ぶりに何の興味も関心も示しませんが、同時に、好奇心から自分たちの生活をのぞかれるのも嫌うからです。

ところが最近、機械文明への反省から、この人たちに関心を示すアメリカ人が多く、そこで見学者のために、アーミッシュ・センターができております。ここへ行きますと、一七四四年に建てられたアーミッシュの家とか典型的な村などにガイドつきで案内され、まことに要領よく説明され、質問にも応じてくれるのですが、それが終わってふと気がつくと、結局、ガイド以外にはだれとも接しておらず、巧みに遮断されていたことに気づきます。

これじゃ面白くない、というわけでワシントンに行き、半日ほど車をとばして、いわば裏からアーミッシュ村へ入りました。そしてつてを求めてやっと、六十六歳になるアーミッシュの老人に会って話をすることができました。

このおじいさんの第一印象は一言で言えば、ミレーの有名な「晩鐘」の農夫そのままで、ただ、靴がつぎはぎだらけの革靴だった点だけが違っていました。日本から来たというと、その第一声が何と――

「ほう、日本からとな。日本とは戦争をしとるいう噂を聞いたが……」でした。こちらは驚いて、もう戦争は終わりましたと言うと――

「よかった、よかった。本当によかったのう」と言うので、こちらはちょっと、次の言葉が出なくなりました。

朝鮮戦争もベトナム戦争も知らないアメリカ人がいるという話は前に聞いたことがありますが、会うのははじめてです。しかも、それがニューヨークから車でわずか二時間半のところにいるとは、驚きでした。

もっとも考えてみれば、それも不思議ではありません。彼らは電気を拒否していますから、ラジオもテレビもなく、電話も自動車も否定していますから、情報は遮断され行動範囲は制限されます。また、彼らがランプの光の下で読む唯一の新聞「パジェット」紙は、われわれの社会の新聞とは全く違って、信仰体験や信仰生活や、アーミッシュ派の人の消息しか載っていません。

さらに彼らはクエーカーと同じように良心的徴兵拒否の権利を認められていますから戦争には行っていないわけです。さらに国家の存在を認めないので、国家保障や社会保障は一切うけておりません。また、社会保険等の納付も拒否しております。人間の生存と生活は神が保証し給うのであって、それを国家や社会に求めるのは瀆神《とくしん》行為だと彼らは信じています。いわば存在するは、神と自分と家族と隣人だけです。

「なるほど、筋が通っているな」これが彼らの話への私の印象でした。いわば、一方においては「国がわれわれの生活を保障すべきだ」と主張し、何かあると「国家保障を、国家保障を！」と叫びながら、その保障をしてくれる国の存立を自らの手で守ることはおことわりだ、という日本的戦後的態度ではなく、「保障も求めないが、存立にも手をかさない」というわけです。

おじいさんと二人の娘、二人の少年がいました。このおじいさんは三男六女という子沢山。その息子の一人は、近くの畑で二頭の馬に鋤《すき》を引かせています。二人の娘は一人が末娘、もう一人は孫だそうですが、ほぼ同年配に見えました。

二人の娘さんは、紺の長袖に、黒の袖なしの足までとどく長いワンピースを着ていました。女性の服装はこれにきまっており、面白いことにボタンが一切なく、全部ピンでとめています。これは昔プロシャの官憲に迫害されたとき、軍服の象徴であるボタンを拒否したのがはじまりだそうです。

その容姿は細くすらりとして、十八世紀の銅版画から抜け出た女性のようです。「なるほどねえ、昔の食生活をしているから、こんなに美しいのだろうなあ。それにひきかえて、今のアメリカ女性のあのデブデブ・ゴロゴロぶりは——。まるで別人種だな」。

そんなことを考えていると、おじいさんが言いました。「どうじゃね。今年のお国の天候は」。そして何とこの言葉が、短い会話の中に三回も出てきました。農夫である彼にとって問題なのは天候だけ、国際情勢も国内情勢も、カーターもレーガンも関係なしです。

家の中を見せてくれと頼んだのですが、「われわれは宣伝はしない」と断られ、写真をとらせてくれというと「偶像になるから断る」と、これも断られました。彼らにしてみれば、自分たちは今も変化せず、世の中のほうが勝手に変わったのに、その人たちが、変わらない自分たちを変わり者と見ることは心外だということのようでした。

では、彼らはアメリカの社会に何の影響も与えていないかというと、決してそうでなく、最近ではアーミッシュ・センターを訪れる人の九五パーセントが、「これが本当の生活だ、われわれの生活は間違っている」といった感想をもらすそうです。これは一時代前とは違う評価で、このへんにもアメリカの変化が現われているでしょう。

これと比べれば日本は確かに、こういう例外的存在を国内に認めたがらない、一億一心の好きな単一文化の国と言えるでしょう。

初出一覧

日本人とアメリカ人
序章　「週刊朝日」昭和五十年（一九七五年）十月二十四日号
第一章〜第八章　「週刊朝日」昭和五十一年一月二日号〜同年二月二十日号
ライシャワー発言と勧進帳　「文藝春秋」昭和五十六年（一九八一年）七月号
モザイク国家・アメリカ二題
ジョージア州プレーンズを訪ねて　「週刊読売」昭和五十五年八月三十一日号
ニューヨーク近郊アーミッシュ村を訪ねて　「週刊読売」昭和五十五年九月七日号

読者のみなさまへ

この本をお読みになって、どのような感想をお持ちでしょうか。次ページの「100字書評」を編集部までお寄せいただけたら、ありがたく存じます。今後の企画の参考にさせていただきます。もちろん、通常のお手紙でも、電子メールでも結構です。その場合は、書名を忘れずにご記入下さい。

頂戴した「100字書評」は、事前にご了解をいただいた上で、新聞・雑誌等に掲載することがあります。その場合は、謝礼として特製図書カードを差し上げます。

なお、ご記入いただいたお名前、ご住所、ご連絡先等は、書評紹介の事前了解、謝礼のお届けのためだけに利用し、そのほかの目的のために利用することはありません。またそのデータを、6カ月を超えて保管することもありませんので、ご安心ください。

〒101―8701（お手紙は郵便番号だけで届きます）
祥伝社　書籍出版部　編集長　角田　勉
電話03（3265）1084　Mail Address：nonbook@shodensha.co.jp

◎本書の購買動機

＿＿＿＿新聞の広告を見て	＿＿＿＿誌の広告を見て	＿＿＿＿新聞の書評を見て	＿＿＿＿誌の書評を見て	書店で見かけて	知人のすすめで

１００字書評

日本人とアメリカ人

住所

名前

年齢

職業

日本人《にほんじん》とアメリカ人《じん》
——日本《にほん》はなぜ、敗《やぶ》れつづけるのか

平成17年5月5日　初版第1刷発行

著者———山本七平《やまもとしちへい》
発行者——深澤健一《ふかざわけんいち》
発行所——祥伝社《しょうでんしゃ》
〒101-8701　東京都千代田区神田神保町3-6-5
☎03(3265)2081(販売部)
☎03(3265)1084(編集部)
☎03(3265)3622(業務部)
印刷———堀内印刷
製本———明泉堂

ISBN4-396-50088-2　C0020
Printed in Japan
祥伝社のホームページ・http://www.shodensha.co.jp/